입시 · 입사의 기출 문제를 총망라한

故事成語
NEW WORK BOOK

김 영 배

乾坤一擲
犬馬之勞
結草報恩
輕擧妄動
苦盡甘來
九死一生
群鷄一鶴
勸善懲惡
金科玉條
錦衣還鄉

太乙出版社

머 리 말

이 세계는 영어문화권이 13억 인구라면 한자문화권이 17억이나 된다는 통계가 있다. 모든 것을 개방하고 그들과 맞서려는 경쟁의식이 없이는 모든 방면에서 낙후되기 십상이다. 언어 역시 그러하다. 우리의 문화·경제가 세계화 되고 그들을 능가하는 입장이라면 그들은 우리말을 배우려고 혈안이 될 것이다. 그것이 아닌 지금에는 그 어떠한 수모도 인내해야 할 것이다. 우월과 졸렬은 기복이 있게 마련인 고로 모든 것을 개방하고 분발하는 자세가 보다 미래지향적이며 내일의 발전을 도모하는 첩경일 것이다.

본 고사성어 펜글씨 교본은 주옥같은 말들 중, 귀감이 될만하고, 대입 또는 입사시험의 기출문제와 주변에서 자주 들을수 있는 것들을 정선하여 300여구로 종합하였다. "나는 글만은 자신이 없어."라고 하시는 분들이 왕왕이 있는데 체념하지 말길 바란다. 고사성어 학습에 있어서 도움이 될만한 말이 있다면, 가볍게 그리고 부드럽게 미사여구 정도로 생각하여 낙서·편지·일기 등에 자주 활용해 보라. 이것이 습관화 되면 생각보다 어렵지 않고 자신도 모르는 사이에 흥미가 생겨 학습효과를 배가해 주리라 확신 한다.

청년들이여! 자신을 여흥에 놀아나게 해서는 안된다. 호기심에 일찍 젖으면 멀지않아 후회를 많이 안고 살아가야 한다. 당장은 남들이 몰라주고, 나를 낮춰 말하고, 뒤로 나를 헐뜯는데도 절대 알아차렸음을 보이지 말것이며, 훗날을 담은 큰 시야를 갖기를 바란다.

진정한 벗은 외로울 때, 어려울 때 알수 있음이니 그런 벗이 아직 없다면 차라리 고사성어를 벗삼음이 어떻겠는가?

"나는 알지. 항상 바보가 이기는 것을…" 고사성어를 열심히 학습하다보면 이 말을 깨닫게 될 것이다. 웅지는 보이지 않고 속으로 키워야 보다 크게 됨을 알려 드리며…

김 영 배 드림

漢字의 結構法(글자를 꾸미는 법)

◇ 漢字의 結構는 대체적으로 다음 여덟 가지로 나눌 수 있다.

| 扁변 | 旁방 | 冠관 갑답 | 垂수 | 構구 繞요 | 單獨단독 |

		작은 扁을 위로 붙여쓴다.	堤	端	唯	時	絹
扁		다음과 같은 변은 길게 쓰고, 오른쪽을 가지런히 하며, 몸(旁)에 비해 약간 작게 양보하여 쓴다.	係	防	陳	科	號
			般	婦	賦	精	諸
旁		몸(旁)은 변에 닿지 않도록 한다.	飲	服	視	務	教
冠		위를 길게 해야 될 머리.	苗	等	옆으로 넓게 해야 될 머리	富	雲
畓		받침 구실을 하는 글자는 옆으로 넓혀 안정되도록 쓴다.	魚	忠	愛	益	醫
垂		윗몸을 왼편으로 삐치는 글자는 아랫 부분을 조금 오른쪽으로 내어 쓴다.	原	府	庭	虎	屋
構		바깥과 안으로 된 글자는 바깥의 품을 넉넉하게 하고 안에 들어가는 부분의 공간을 알맞게 분할하여 주위에 닿지 않도록 쓴다.	圓	國	園	圖	團
			向	門	問	間	聞
繞	走 는 먼저 쓰고	起	辶 廴 는 나중에 쓰며, 대략 네모가 되도록 쓴다.	進

漢字의 六書

아무리 많은 한자일지라도, 또 그모양이 아무리 복잡한 것일지라도 그것들 모두는 「육서 (六書)」 즉, 다음 여섯 가지의 방법에 의해 만들어졌다.

여기서 육서(六書)란 상형·지사·회의·형성·전주·가차문자를 말하는데 그 내용은 다음과 같다.

1. 상형문자(象形文字) : 어떤 사물의 모양을 본떠서 만든 문자.
   - 日은 해(☼), 月은 달(⺼)을 본뜬 글자이다.
2. 지사문자(指事文字) : 형상으로 나타낼 수 없는 추상적인 생각이나 뜻을 선이 나 점으로 표현한 문자.
   - 上은 위(⸜)를, 下는 아래(⸏)를 뜻함.
3. 회의문자(會意文字) : 이미 있는 둘 이상의 문자를 결합해서 새로운 뜻을 나 타내는 문자.
   - 男 : 〔 田 + 力 〕→ 男으로 밭에서 힘쓰는 사람, 곧 '사내'를 뜻하는 문자 등을 말함.
4. 형성문자(形聲文字) : 이미 있는 문자를 결합해서 한 쪽은 뜻(형부)을, 한 쪽 은 음(성부)를 나타내는 문자.
   - 淸 : 〔氵(水) → 뜻＋靑(청) → 음 〕→ 淸(청)으로 氵(水)는 '물'의 뜻을, 靑은 '청' 이라는 음을 나타내어 '맑을 청' 자가 됨.
5. 전주문자(轉注文字) : 이상 네 가지 문자의 본디 뜻을 바꾸어 새로운 뜻을 나 타내는 문자.
   - 長 : 길다(장) → 어른(장), 惡 : 나쁘다(악) → 미워하다(오)
6. 가차문자(假借文字) : 전주문자는 뜻을 전용했지만 가차는 문자의 음을 빌려 쓰는 방법이다.(주로 외래어 표기에 이용된다.)
   - 亞細亞 — 아시아, 印度 — 인디아.

漢字의 起源과 變遷

1. 한자의 기원 : 한자는 언제부터 쓰여졌는지는 확실치 않으나 지금으로부터 3천 5백년 전 중국 은나라 옛터에서 발견된 거북이의 등껍질과 뼈에 새겨진 이른바 갑골문자가 한자의 기원이 아닌가하는 학설이 지배적이다. 이러한 한자는 황제(皇帝) 때 사관(史官)이었던 창힐이 처음 만들었다고 전해지는데 혼자 만들었다기보다는 그 당시 사용되던 문자를 최초로 정리했다고 보아야 정확할 것이다. 그후 진시황이 중국을 최초로 통일하고 이사(李斯)를 시켜 문자를 체계화, 집대성함으로써 한자는 더욱 발전을 하게 되었다.

2. 한자의 변천 : 한자의 최초 형태인 갑골문자는 물체의 형상을 본떠서 만든 것으로써 「금문 → 전서 → 예서」를 거쳐서 오늘날의 해서체(정자체)로 변천되어 왔다.

갑골문자

갑골문	금 문	전 서	예 서	해 서
				日
				月
				雨
				母
				馬
				車
				申

3. 한자의 자수 : 한자는 뜻글자이므로 한가지 사물마다 그것을 나타내는 글자가 있어야 한다. 초기에는 글자 수가 그리 많지는 않았으나, 문명이 열리고 발달을 하면서 한자 역시 자꾸 만들어져 1716년에 중국에서 편찬한 「강희자전」에 보면 대략 5만자가 수록되었고 그 후에도 한자 수는 더욱 늘어났다.

일 러 두 기

■ 집필법

ㅇ볼펜을 잡을 때 볼펜심 끝으로부터 3㎝가량 위로 인지(人指)를 얹고 엄지를 가볍게 둘러대는데 이때 종이바닥면에서 50° ~ 60° 정도로 경사지게 잡는 것이 가장 좋은 자세입니다. 단, 손의 크기 또 볼펜의 종류나 폭의 굵기에 따라 개인 차는 있을 수 있습니다.

한자(漢字)에는 해서체(楷書體)·행서체(行書體)·초서체(草書體)가 있고 한글에는 각각 개개의 특유 한글체가 있으나 정자체와 흘림체로 대별하여 설명하자면 각기 그 나름대로 완급(緩急)의 차이가 있으나 해서체나 작은 글씨일수록 각도가 크고 행서·초서·흘림체나 큰 글씨일수록 경사 각도를 낮게하여 50° 이하로 잡습니다. 50°의 각도는 손 끝에 힘이 적게 드는 각도인데, 평소 볼펜이나 플러스펜을 쓸 때 정확히 쓰자면 50° ~ 60°의 경사 각도로 볼펜을 잡는 것이 가장 운필하기에 알맞을 자세라고 할 수 있습니다.

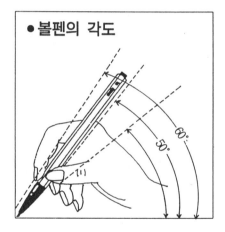

●볼펜의 각도

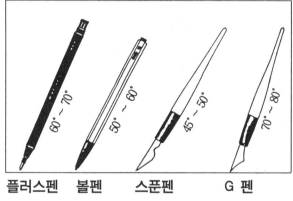

플러스펜   볼펜   스푼펜   G 펜

■ 볼펜과 이외의 용구

ㅇ볼펜이나 플러스펜은 현대에서의 보편적이고 합리적인 필기로써 일반적으로 쓰여지고 있습니다. 이외의 것으로 스푼펜을 비롯하여 챠드글씨용의 G펜, 제도용의 활콘펜 등이 있으나 스푼펜은 글씨 연습용으로 가장 적합한 필기구이지만 현실적으로 실용적이라 할 수 없어 볼펜이나 플러스펜으로 연습하려면 지면과의 각도를 크게 그리고 가급적 높게 잡아 쓰는 버릇이 효과를 가져오는데 절대적인 방법일 수밖에 없습니다.

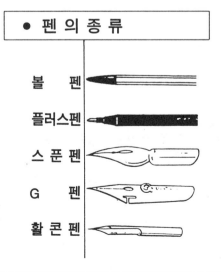

● 펜 의 종 류

볼　　펜	
플러스펜	
스 푼 펜	
G　　펜	
활 콘 펜	

漢字의 一般的인 筆順

1 위에서 아래로	**8** 오른쪽 위의 점은 나중에
위를 먼저 쓰고 아래는 나중에	오른쪽 위의 점을 맨 나중에 찍음
一 二 三, 一 丁 工	一 ナ 大 犬, 一 二 三 三 式 式
2 왼쪽서 오른쪽으로	**9** 책받침은 맨 나중에
왼쪽을 먼저, 오른쪽을 나중에	´ 厂 厂 斤 斤 近 近
丿 丿 川, 丿 亻 亻 代 代	´ ´ 丷 关 关 送 送
3 밖에서 안으로	**10** 가로획을 먼저
둘러싼 밖을 먼저, 안을 나중에	가로획과 세로획이 교차하는 경우
丨 冂 冃 日, 丨 冂 冂 田 田	一 十 十 古 古, 一 十 士 声 志
4 안에서 밖으로	一 十 ≠ 支, 一 十 土
내려긋는 획을 먼저, 삐침을 나중에	一 二 丰 未 末, 一 十 卄 丗 共 共
丿 小 小, 一 二 亍 示	**11** 세로획을 먼저
5 왼쪽 삐침을 먼저	① 세로획을 먼저 쓰는 경우
① 左右에 삐침이 있을 경우	丨 冂 巾 由 由, 丨 冂 冂 田 田
丿 小 小, 一 十 ≠ 产 赤 赤 赤	② 둘러쌓여 있지 않는 경우는 가로획을 먼저 쓴다.
② 삐침사이에 세로획이 없는 경우	一 丁 干 王, 丶 亠 ≠ 主
丿 尸 尸 尺, 亠 亠 六	**12** 가로획과 왼쪽 삐침
6 세로획을 나중에	① 가로획을 먼저 쓰는 경우
위에서 아래로 내려긋는 획을 나중에	一 ナ ナ 右 左, 一 ナ 才 ≠ 在 在
丨 冂 曱 中, 丨 冂 冃 日 甲	② 위에서 아래로 삐침을 먼저 쓰는 경우
7 가로 꿰뚫는 획은 나중에	丿 ナ 才 右 右, 丿 ナ 右 有 有 有
가로획을 나중에 쓰는 경우	
乀 女 女, 了 了 子	

♣ 여기에서의 漢字 筆順은 外의 것들도 많지만 대개 一般的으로 널리 쓰여지는 것임.

한자의 기본 획

◉ 기본이 되는 점과 획을 충분히 연습한 다음 본문의 글자를 쓰십시오.

上	一	一						
工	二	二						
王	三	三						
少	ノ	ノ						
大	ノ	ノ						
女	く	く						
人	＼	＼						
寸	亅	亅						
下	丨	丨						
中	丨	丨						
目	⁊	⁊						
句	フ	フ						
子	フ	フ						

京	丶	丶						
永	丶	丶						
小	八	八						
火	ソ	ソ						
千	丿	丿						
江	氵	氵						
無	灬	灬						
起	走	走						
建	廴	廴						
近	辶	辶						
成	乀	乀						
毛	乚	乚						
室	宀	宀						
風	乁	乁						

오늘의 世界名言

♡ 사리를 아는 사람은 자기를 적용시키고, 사리를 모르는 사람은 자기에게 세상을 적용시키려고 한다.
　버드너 쇼 : 영국·극작가

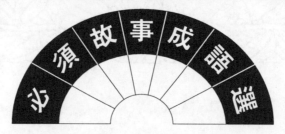

重要結構

家給人足	苛斂誅求	刻骨難忘
가급인족 : 집집마다 살림이 넉넉하고 사람마다 의식에 부족함이 없음.	가렴주구 : 조세 등을 가혹하게 징수하고 강제로 청구하여 국민을 괴롭히는 일	각골난망 : 은혜를 마음속 깊이 새겨 잊지 않음.

家	給	人	足	苛	斂	誅	求	刻	骨	難	忘
집 가	줄 급	사람 인	발 족	가혹할 가	거둘 렴	벨 주	구할 구	새길 각	뼈 골	어려울 난	잊을 망

重要結構

오늘의 世界名言

♡ 인간은 동물과 초인간과의 사이에 이어진 하나의 줄이다. 건너가는 것도 위험하고, 도상에 있는 것도 위험하고, 몸부림치는 것도 위험하고, 그대로 서있는 것도 또한 위험하다.
F.W 니체:독일 · 시인 · 철학자

各自圖生	肝膽相照	甘言利説
각자도생:제각기 다른 자기생활을 도모함.	간담상조:간과 담이 훤히 비춤, 곧 서로 마음을 터놓고 사귄다는 말.	감언이설:남에게 비위를 맞혀 달콤한 말로 이로운 조건을 거짓으로 붙여 꾀는 말.

各	自	圖	生	肝	膽	相	照	甘	言	利	説
각각 각	스스로 자	그림 도	날 생	간 간	쓸개 담	서로 상	비출 조	달 감	말씀 언	이로울 리	말씀 설

各	自	圖	生	肝	膽	相	照	甘	言	利	説

必須故事成語選

重要結構

필수고사성어

改過遷善				開門納賊				蓋世之才			
개과천선 : 잘못된 점이나 과오를 뉘우치며 고치어 착하게 됨.				개문납적 : 문을 열어 놓고 도둑을 맞는다는 말로, 제 스스로 화를 만듦을 이르는 말.				개세지재 : 세상을 수월히 다스릴만 한 뛰어난 재기(才氣).			
改	過	遷	善	開	門	納	賊	蓋	世	之	才
고칠 개	지날 과	옮길 천	착할 선	열 개	문 문	드릴 납	도둑 적	덮을 개	인간 세	갈 지	재주 재
改過遷善				開門納賊				蓋世之才			

重要結構

필수고사성어

乾坤一擲	牽强附會	見利思義
건곤일척:운명과 흥망을 걸고 한 판으로 승부나 성패를 겨룸.	견강부회:이론이나 이유 등을 자기쪽이 유리하도록 끌어 붙임.	견리사의:눈앞에 이익이 보일 때만 의리를 생각하는 것.

乾	坤	一	擲	牽	强	附	會	見	利	思	義
하늘 건	땅 곤	한 일	던질 척	끌 견	굳셀 강	붙을 부	모을 회	볼 견	이로울 리	생각 사	옳을 의

乾坤一擲　牽强附會　見利思義

重要結構

필수고사성어

犬馬之勞	見蚊拔劍	見物生心
견마지로 : 나라에 충성을 다하여 애쓰고 노력함을 이르는 말.	견문발검 : 모기를 보고 칼을 뺌. 곧 작은 일에 안절부절함을 비유한 말.	견물생심 : 물건을 보고 욕심이 생김.

犬	馬	之	勞	見	蚊	拔	劍	見	物	生	心
개 견	말 마	갈 지	수고할 로	볼 견	모기 문	뺄 발	칼 검	볼 견	만물 물	날 생	마음 심

重要結構

필수고사성어

見危授命	結草報恩	謙讓之德
견위수명 : 재물이나 나라가 위태로울때 목숨을 아끼지 않고 나라를 위하여 싸움.	결초보은 : 죽어서 혼령이 되어도 그 은혜를 잊지 않고 갚는다는 말.	겸양지덕 : 겸손하고 사양하는 아름다운 덕성.

見	危	授	命	結	草	報	恩	謙	讓	之	德
볼 견	위태할 위	줄 수	목숨 명	맺을 결	풀 초	갚을 보	은혜 은	겸손할 겸	사양할 양	갈 지	큰 덕

필수고사성어

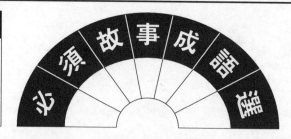

重要結構

輕舉妄動	傾國之色	敬而遠之
경거망동 : 경솔하고 망녕된 행동.	경국지색 : 군왕이 혹하여 나라가 뒤집혀도 모를 미인. 나라 안에 으뜸가는 미인. (비)傾城之美(경성지미)	경이원지 : 겉으로는 공경하나 속으로는 멀리함. 존경하기는 하되 가까이하지는 아니 함. (준)敬遠(경원)

輕	舉	妄	動	傾	國	之	色	敬	而	遠	之
가벼울 경	들 거	망녕될 망	움직일 동	기울 경	나라 국	갈 지	빛 색	공경할 경	말이을 이	멀 원	갈 지

오늘의 世界名言
♡ 너의 운명의 별은 네 자신의 가슴 속에 있다.
J.C.F 실러 : 독일·시인 극작가

필수고사성어

鷄口牛後	鷄卵有骨	孤軍奮鬪
계구우후:닭의 부리와 소의 꼬리라는 말로, 큰 단체의 꼴찌보다는 작은 단체의 우두머리가 되라는 뜻.	계란유골:달걀에도 뼈가 있다는 뜻으로, 공교롭게 일에 방해됨을 이르는 말.	고군분투:약한 힘으로 누구의 도움도 없이 힘에 겨운 일을 해나감.

鷄口牛後 鷄卵有骨 孤軍奮鬪

닭 계	입 구	소 우	뒤 후	닭 계	알 란	있을 유	뼈 골	외로울 고	군사 군	떨칠 분	싸울 투

鷄口牛後 鷄卵有骨 孤軍奮鬪

重要結構

오늘의 世界名言

♡ 나는 절대적이란 말을 싫어한다. 절대적이란 것은 존재하지 않는다. 도덕율이 언제나 변화하고 있는 것처럼.

러셀 : 영국·철학자·평론가

필수고사성어

鼓腹擊壤	孤掌難鳴	苦盡甘來
고복격양：입을 옷과 먹을 것이 풍부하여 안락하게 태평세월을 즐김을 뜻함.	고장난명 :「외손뼉이 우랴」라는 뜻으로 혼자힘으로는 일이 잘 안됨을 비유하는 말.	고진감래：쓴 것이 다하면 단것이 온다는 고사로써 곧 고생이 끝나면 영화가 온다는 말. (반)興盡悲來(흥진비래)

鼓	腹	擊	壤	孤	掌	難	鳴	苦	盡	甘	來
북 고	배 복	칠 격	흙 양	외로울고	손바닥 장	어려울 난	울 명	괴로울 고	다할 진	달 감	올 래

重要結構

필수고사성어

骨肉相爭	公卿大夫	誇大妄想
골육상쟁:뼈와 살이 서로 싸운다는 말로 동족끼리 서로 싸움을 비유함.	공경대부:삼공(三公)과 구경(九卿) 등 벼슬이 높은 사람들.	과대망상:무리하게 과장된 것을 믿는 허황이 많은 사람들.

骨	肉	相	爭	公	卿	大	夫	誇	大	妄	想
뼈 골	고기 육	서로 상	다툴 쟁	공평할 공	벼슬 경	큰 대	지아비 부	자랑할 과	큰 대	망녕될 망	생각할 상

骨肉相爭　公卿大夫　誇大妄想

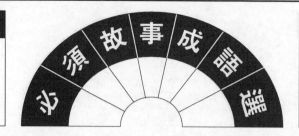

오늘의 世界名言

♡ 이 세상은 한 권의 아름다운 책이다. 그러나 그 책을 읽지 않으면 아무런 쓸모가 없게 된다.
골드니이 : 이탈리아 · 작가

重要結構

過猶不及	巧言令色	教學相長
과유불급 : 어떤 사물이 정도를 지나침은 도리어 미치지 못한 것과 같다는 말.	교언영색 : 남의 환심(歡心)을 사기 위하여 아첨하는 교묘한 말과 보기 좋게 꾸미는 얼굴 빛.	교학상장 : 가르쳐 주거나 배우거나 모두 나의 학업을 증진시킨다는 말.

過	猶	不	及	巧	言	令	色	教	學	相	長
지날 과	오히려 유	아닐 불	미칠 급	교묘할 교	말씀 언	명령할 명	빛 색	가르칠 교	배울 학	서로 상	길 장

오늘의 世界名言

♡ 인생에 있어서 가장 큰 기쁨은 세상 사람들이 「불가능」이라고 말하는 그 일을 성취시키는 것이다.
월터 배죠트 : 독일 · 평론가

重要結構 蜜

필수고사성어

救國干城

구국간성 : 나라를 위기에서 구하고 지키려는 믿음직한 군인이나 인물.

口蜜腹劍

구밀복검 : 입에는 꿀, 뱃속에는 칼이라는 뜻으로 말은 정답게 하나 속으로는 해칠 생각이 있음.

口尚乳臭

구상유취 : 입에서 아직 젖내가 난다는 뜻으로, 언어와 행동이 매우 어리고 유치함을 일컬음.

救國干城

구원할 구	나라 국	방패 간	재 성	입 구	꿀 밀	배 복	칼 검	입 구	오히려 상	젖 유	냄새 취

口蜜腹劍

口尚乳臭

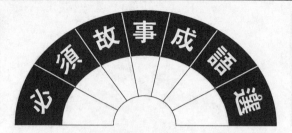

오늘의 世界名言

♡ 자유를 사랑하는 것은 남을 사랑하는 것이고 힘을 사랑하는 것은 자기 자신을 사랑하는 것이다.
랑케 : 독일·역사가

重要結構

필수고사성어

九牛一毛	九折羊腸	群鷄一鶴
구우일모 : 아홉마리의 소에 한 가닥의 털이란 뜻으로, 썩많은 가운데의 극히 적은 것을 비유하는 말.	구절양장 : 세상일이 매우 복잡하여 살아가기가 어려움을 비유하는 말.	군계일학 : 많은 닭 중에서 한 마리 학이라는 뜻으로 곧 많은 사람 중 가장 뛰어난 인물을 말함.

九	牛	一	毛	九	折	羊	腸	群	鷄	一	鶴
아홉 구	소 우	한 일	털 모	아홉 구	꺾을 절	양 양	창자 장	무리 군	닭 계	한 일	두루미 학

오늘의 世界名言

♡ 가장 가치있는 삶은 남을 위해서 사는 것이다. 남에게 베푸는 행위를 하지 않는 삶은 죽음보다도 못하다. 그러므로 고독 속에서도 남에게 봉사한다.
함마슐드 : 스웨덴 · 정치가

重要結構

필수고사성어

軍令泰山	群雄割據	權謀術數
군령태산 : 군대의 명령은 태산같이 무거움.	군웅할거 : 많은 영웅들이 지역을 갈라서 자리잡고 서로의 세력을 다툼.	권모술수 : 그때 그때의 상황에 따라 변통성 있게 둘러 맞추는 모략이나 수단.

軍	令	泰	山	群	雄	割	據	權	謀	術	數
군사 군	명령할 령	클 태	뫼 산	무리 군	수컷 웅	나눌 할	의거할 거	권세 권	꾀할 모	재주 술	셈 수

重要結構

필수고사성어

勸善懲惡	捲土重來	近墨者黑
권선징악 : 착한 행실을 권장하고 나쁜 행실을 징계함.	권토중래 : 한번 패하였다가 세력을 회복하여 다시 쳐 들어옴.	근묵자흑 : 먹을 가까이하면 검어진다는 고사로, 악한 이에게 가까이 하면 악에 물들기 쉽다는 말.

勸	善	懲	惡	捲	土	重	來	近	墨	者	黑
권할 권	착할 선	징계할 징	악할 악	걷을 권	흙 토	무거울 중	올 래	가까울 근	먹 묵	놈 자	검을 흑

重要結構

필수고사성어

金科玉條	錦上添花	今昔之感
금과옥조 : 아주 귀중한 법칙이나 규범.	금상첨화 : 비단 위에 꽃을 더함. 곧 좋은 일에 더 좋은 일이 겹침. (반) 雪上加霜(설상가상)	금석지감 : 지금과 예전을 비교하여 받는 느낌.

金科玉條　錦上添花　今昔之感

쇠 금	과목 과	구슬 옥	가지 조	비단 금	위 상	더할 첨	꽃 화	이제 금	옛 석	갈 지	느낄 감

重要結構

필수고사성어

金石之交	金城鐵壁	錦衣還鄉
금석지교 : 쇠나 돌과 같이 굳은 교제.	금성철벽 : 경비가 매우 견고한 성벽.	금의환향 : 타지에서 성공하여 자기 고향으로 돌아감.

金	石	之	交	金	城	鐵	壁	錦	衣	還	鄉
쇠 금	돌 석	갈 지	사귈 교	쇠 금	재 성	쇠 철	벽 벽	비단 금	옷 의	돌아올 환	시골 향
金石之交				金城鉄壁				錦衣還鄉			

오늘의 世界名言
♡ 인생에서 많은 고통을 면하는 최상의 방법은 자기의 이익을 아주 적게 생각하는 일이다.
쥬베르 : 프랑스·모랄리스트

重要結構

필수고사성어

金枝玉葉	奇岩怪石	南柯一夢
금지옥엽:귀엽게 키우는 보물 같은 자식.	기암괴석:기이하고 괴상하게 생긴 바위와 돌들.	남가일몽:①깨고 나서 섭섭한 허황된 꿈. ② 덧없이 지나간 한때의 헛된 부귀나 행복.

金	枝	玉	葉	奇	岩	怪	石	南	柯	一	夢
쇠 금	가지 지	구슬 옥	잎 엽	기이할 기	바위 암	괴이할 괴	돌 석	남녘 남	가지 가	한 일	꿈 몽

오늘의 世界名言

♡ 편안하게 자유를 누리며 살고 싶으면 불필요한 사치물을 자기 주변에서 없애 버려라.

톨스토이 : 러시아 · 작가

重要結構

芳

囊中之錐	勞心焦思	綠陰芳草
낭중지추 : 재능(才能)이 뛰어난 사람은 많은 사람 중에 섞여 있을지라도 눈에 드러난다는 말.	노심초사 : 마음으로 애를 쓰며 안절부절 속을 태움.	녹음방초 : 푸르른 나무들의 그늘과 꽃다운 풀, 곧 여름의 자연 경관.

囊	中	之	錐	勞	心	焦	思	綠	陰	芳	草
주머니 낭	가운데 중	갈 지	송곳 추	수고할 로	마음 심	그을릴 초	생각 사	푸를 녹	그늘 음	꽃다울 방	풀 초
囊	中	之	錐	勞	心	焦	思	綠	陰	芳	草
囊	中	之	錐	勞	心	焦	思	綠	陰	芳	草

오늘의 世界名言

♡ 눈에 보이지 않는 술의 정(精)이여! 너에게 아직 이름이 없다면 앞으로 너를 악마라고 부를테다.

세익스피어 : 영국 · 시인 극작가

重要結構

成

필수고사성어

論功行賞	弄假成眞	累卵之勢
논공행상: 어떤 업적 따위를 세운 만큼 그 공을 논정(論定)하여 상을 줌.	농가성진:장난삼아 한 것이 참으로 사실이 됨. (동) 假弄成眞(가롱성진).	누란지세:쌓여 있는 알처럼 매우 위태로운형세.

論功行賞				弄假成眞				累卵之勢			
논의할 론	공 공	행할 행	상줄 상	희롱할 롱	거짓 가	이룰 성	참 진	여러 루	알 란	갈 지	기세 세

(연습용 빈 칸)

論功行賞	弄假成眞	累卵之勢

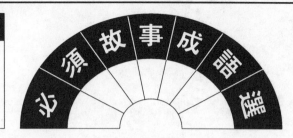

重要結構

필수고사성어

多岐亡羊	單刀直入	丹脣皓齒
다기망양:학문의 길이 여러 갈래로 퍼져있으면 진리를 얻기 어려움. 방침이 너무 많으면 도리어 갈 바를 모름.	단도직입:너절한 서두를 생략하고 요점이나 본문제를 말함.	단순호치:붉은 입술과 하얀 이. 곧 아름다운 여자의 얼굴을 말함.

多	岐	亡	羊	單	刀	直	入	丹	脣	皓	齒
많을 다	나눌 기	망할 망	양 양	홀로 단	칼 도	곧을 직	들 입	붉을 단	입술 순	밝을 호	이 치

오늘의 世界名言

♡ 인간의 가치는 사람이 소유하고 있는 진리에 의해 판단되는 것이 아니라 진리를 파악하기 위해 그 사람이 겪은 고통에 의해서만 측정된다.
　　　레싱 : 독일·극작가

重要結構

名

필수고사성어

大器晚成	大義名分	獨不將軍
대기만성 : 크게 될 사람은 늦게 이루어진다는 뜻으로 이르는 말.	대의명분 : 모름지기 지켜야 할 큰 명리와 직분.	독불장군 : 홀로 목적을 달성하려는 외로운 사람. 혼자서는 장군이 못 된다는 뜻. 남과 협조하여야 한다는 말.

大	器	晚	成	大	義	名	分	獨	不	將	軍
큰 대	그릇 기	늦을 만	이룰 성	큰 대	옳을 의	이름 명	나눌 분	홀로 독	아닐 불	장수 장	군사 군

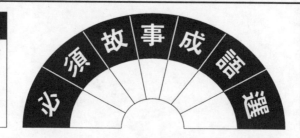

重要結構

同價紅裳	同苦同樂	東問西答
동가홍상 : 이왕이면 다홍치마라는 말로, 곧 같은 값이면 좋은 것을 가진다는 뜻.	동고동락 : 고통과 즐거움을 함께 함.	동문서답 : 묻는 말에 아주 딴판인 엉뚱한 대답.

同	價	紅	裳	同	苦	同	樂	東	問	西	答
한가지 동	값 가	붉을 홍	치마 상	한가지 동	괴로울 고	한가지 동	즐길 락	동녘 동	물을 문	서녘 서	대답할 답

오늘의 世界名言

♡ 사랑은 나이를 갖지 않는다. 왜냐하면, 언제나 자신을 새롭게 만들기 때문이다.

파스칼 : 프랑스 · 수학자
철학자 · 종교사상가

필수고사성어

同病相憐

동병상련 : 같은 병을 앓는 사람끼리 서로 가엾게 여김. 처지가 비슷한 사람끼리서로 도우며 위로하는 것.

同床異夢

동상이몽 : 같은 잠자리에서 다른 꿈을 꾼다는 말. 곧 겉으로는행동이 같으면서 속으로는딴 생각을 가진다는 뜻.

東征西伐

동정서벌 : 전쟁을 하여 여러 나라를 이곳 저곳 정벌(征伐)함.

同	病	相	憐	同	床	異	夢	東	征	西	伐
한가지 동	병들 병	서로 상	불쌍할 련	한가지 동	평상 상	다를 이	꿈 몽	동녘 동	칠 정	서녘 서	칠 벌

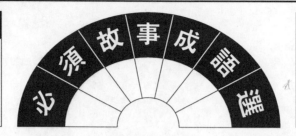

오늘의 世界名言

♡ 남자는 시시하게 짧게 자주 사랑하고, 여자는 길고 드물게 사랑한다.
　바스타 : 독일 · 민족학자

重要結構

杜門不出	得不補失	燈下不明
두문불출:집안에서만 있고 밖에는 나가지 않음.	득불보실:얻은 것으로 이미 잃은 것을 채우지 못한다는 말.	등하불명:등잔 밑이 어둡다는 뜻으로, 가까이 있는 것을 도리어 알아내기 어렵다는 말.

杜	門	不	出	得	不	補	失	燈	下	不	明
막을 두	문 문	아닐 불	날 출	얻을 득	아니 불	기울 보	잃을 실	등잔 등	아래 하	아닐 불	밝을 명

杜	门	不	出	得	不	補	失	燈	下	不	明

重要結構

오늘의 世界名言

♡ 애인의 결점을 미점(美點)으로 생각하지 않는다면, 그것은 사랑하지 않는 증거이다.
괴테 : 독일 · 시인 · 극작가

필수고사성어

燈火可親	馬耳東風	莫逆之友
등화가친 : 가을밤은 서늘하여 등불을 가까이 두고 글 읽기에 좋다는 말.	마이동풍 : 남의 말을 귀담아 듣지 않고 무관심하게 흘려 버림을 뜻함.	막역지우 : 뜻이 서로 맞는 매우 가까운 벗.

燈	火	可	親	馬	耳	東	風	莫	逆	之	友
등잔 등	불 화	옳을 가	친할 친	말 마	귀 이	동녘 동	바람 풍	아닐 막	거스를 역	갈 지	벗 우

오늘의 世界名言

♡ 사랑이란 무엇이냐고 너는 묻는다. 떠오르는 안개 속의 별이다.
하이네 : 독일 · 시인

重要結構

萬卷讀破	萬端說話	萬事休矣
만권독파:만권이나 되는 책을 다 읽음을 뜻하는 말로, 곧 많은 책을 처음부터 끝까지 다 읽어 냄.	만단설화:이 세상의 모든 온갖 이야기.	만사휴의:모든 방법이 헛되게 됨.

일만 만	책 권	읽을 독	깨트릴 파	일만 만	끝 단	말씀 설	말씀 화	일만 만	일 사	쉴 휴	어조사 의

필수고사성어

滿山遍野	滿山紅葉	滿身瘡痍
만산편야:산과 들이 가득 차서 뒤덮여 있음.	만산홍엽:단풍이 들어 가득차 온 산이 붉은 잎으로 뒤덮임.	만신창이:①온 몸이 상처투성이가 됨. ②사물이 성한 데가 없을 만큼 결함이 많음.

滿	山	遍	野	滿	山	紅	葉	滿	身	瘡	痍
찰 만	뫼 산	두루편	들 야	찰 만	뫼 산	붉을홍	잎 엽	찰 만	몸 신	부스럼 창	상처 이

오늘의 世界名言

♡ 사랑이란 상실이며 단념이다. 사랑은 모든 것을 주어 버렸을때 가장 큰 것이다.

구츠코 : 독일 ·소설가 극작가

重要結構

필수고사성어

罔極之恩 望洋之歎 面從腹背

망극지은 : 죽을 때까지 다할 수 없는 임금이나 부모의 크나큰 은혜.

망양지탄 : 바다를 바라보고 하는 탄식. 곧 힘이 미치지 못하여 하는 탄식.

면종복배 : 겉으로는따르는 척하나 마음 속으로는 싫어함.

없을 망	다할 극	갈 지	은혜 은	바랄 망	큰바다 양	갈 지	탄식할 탄	낯 면	좇을 종	배 복	등 배
罔	極	之	恩	望	洋	之	歎	面	從	腹	背
罔	極	之	恩	望	洋	之	歎	面	從	腹	背

重要結構

오늘의 世界名言

♡ 연애는 영혼의 가장 순수한 부분이 미지(未知)의 것에 대해서 품는 거룩한 동경이다.

조르쥬 상드 : 프랑스·작가

明鏡止水	名實相符	明若觀火
명경지수:①맑은 거울과 잔잔한 마음. ②잡념이 없이 아주 맑고 깨끗한 마음.	명실상부:명명함과 실상이 서로 들어 맞음. (반) 名實相反(명실상반)	

明	鏡	止	水	名	實	相	符	明	若	觀	火
밝을 명	거울 경	그칠 지	물 수	이름 명	열매 실	서로 상	부신 부	밝을 명	같을 약	볼 관	불 화

重要結構

필수고사성어

目 不 忍 見	武 陵 桃 源	無 不 通 知
목불인견 : 딱하고 가엾어 차마 눈으로 볼 수 없음. 또는 그러한 참상.	무릉도원 : 조용히 행복하게 살 수 있는 곳을 비유하여 이른 말. 선경(仙境).	무불통지 : 어떤 분야에 정통하여 모르는 것이 없음.

目 不 忍 見 武 陵 桃 源 無 不 通 知

눈 목	아닐 불	참을 인	볼 견	호반 무	언덕 릉	복숭아 도	근원 원	없을 무	아닐 불	통할 통	알 지

重要結構

필수고사성어

無所不能	無爲徒食	聞一知十
무소불능 : 가능하지 않은 것이 없음.	무위도식 : 하는 일 없이 먹고 놀기만 함.	문일지십 : 한 마디를 듣고 열 가지를 미루어 앎. 곧 총명하고 지혜로움을 이르는 말.

無所不能　無爲徒食　聞一知十

없을 무	바 소	아닐 불	능할 능	없을 무	위할 위	무리 도	밥 식	들을 문	한 일	알 지	열 십

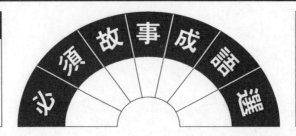

重要結構

필수고사성어

尾生之信	美風良俗	拍掌大笑
미생지신 : 융통성 없이 약속만을 굳게 지킴을 이르는 말.	미풍양속 : 아름답고 좋은 풍속.	박장대소 : 손바닥을 치며 극성스럽게 웃는 웃음.

尾	生	之	信	美	風	良	俗	拍	掌	大	笑
꼬리 미	날 생	갈 지	믿을 신	아름다울 미	바람 풍	어질 량	풍속 속	손뼉칠 박	손바닥 장	큰 대	웃을 소

오늘의 世界名言

♡ 사랑하는 것은 서로 용서하는 것이 아니라, 함께 같은 방향을 응시하는 것이다.

쌍 테크듀베리

反目嫉視	半信半疑	拔本塞源
반목질시：눈을 흘기면서 밉게 봄.	반신반의：반은 믿고 반은 의심함.	발본색원：폐단의 근원을 찾아 뽑아 버림.

反	目	嫉	視	半	信	半	疑	拔	本	塞	源
돌이킬 반	눈 목	투기할 질	볼 시	반 반	믿을 신	반 반	의심할 의	뺄 발	근본 본	막을 색	근본 원

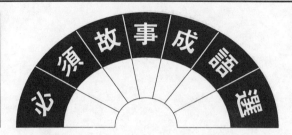

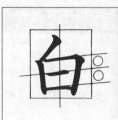

필수고사성어

白骨難忘	百年佳約	百年大計
백골난망 : 죽어서 백골이 되어도 은혜를 잊을 수 없다는 뜻으로 남의 은혜에 깊이 감사하는 말.	백년가약 : 남녀가 부부가 되어 평생을 함께 하겠다는 아름다운 언약(言約). (동) 百年佳期(백년가기).	백년대계 : 먼 훗날까지 고려한 큰 계획

白	骨	難	忘	百	年	佳	約	百	年	大	計
흰 백	뼈 골	어려울 난	잊을 망	일백 백	해 년	아름다울 가	맺을 약	일백 백	해 년	큰 대	셈할 계

오늘의 世界名言

♡ 자기를 구하는 것 밖에는 생각하지 않는 사람은 멸망할 것이며, 남을 구하기 위하여 끊임없이 노력을 계속하는 사람은 불멸이다.
A·핸더슨 : 영국·정치가

필수고사성어

百年河清	百年偕老	百事大吉
백년하청 : 중국의 황하(黃河)가 항상 흐리다는 뜻으로, 아무리 오래되어도 이루어지기 어려움을 일컫는 말.	백년해로 : 부부가 되어 화락하게 일생을 함께 늙음.	백사대길 : 모든 만사가 길함.

百年河清　百年偕老　百事大吉

일백 백	해 년	물 하	맑을 청	일백 백	해 년	함께 해	늙을 로	일백 백	일 사	큰 대	길할 길

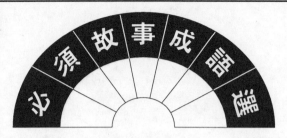

重要結構

필수고사성어

白衣從軍	百折不屈	百尺竿頭
백의종군 : 벼슬함이 없이, 또는 군인이 아니면서, 군대를 따라 전쟁에 나감.	백절불굴 : 백번을 꺾어도 굽히지 않음. 곧 많은 고난을 극복하여 이겨 나감.	백척간두 : 높은 장대 끝에 섰다는 말로, 대단히 위태로운 상황에 빠짐을 비유함.

白	衣	從	軍	百	折	不	屈	百	尺	竿	頭
흰 백	옷 의	좇을 종	군사 군	일백 백	꺾을 절	아닐 불	굽을 굴	일백 백	자 척	장대 간	머리 두

오늘의 世界名言

♡ 어떤 목적을 위해서 시작된 우정은, 그 목적을 이룰 때 까지도 계속되지 않는다.
카알즈 : 영국 · 시인

重要結構

필수고사성어

父傳子傳	附和雷同	粉骨碎身
부전자전:대대로 아버지가 아들에게 전함.	부화뇌동:남이 하는 대로 따라 행동 함.	분골쇄신:뼈는 가루가 되고 몸은 산산조각이 됨. 곧 목숨을 다해 애씀을 이르는 말.

父	傳	子	傳	附	和	雷	同	粉	骨	碎	身
아비 부	전할 전	아들 자	전할 전	붙을 부	화할 화	우뢰 뢰	한가지 동	가루 분	뼈 골	부서질 쇄	몸 신
父	傳	子	傳	附	和	雷	同	粉	骨	碎	身

父傳子傳　附和雷同　粉骨碎身

必須故事成語選

重要結構

필수고사성어

不顧廉恥	不問可知	不問曲直
불고염치 : 부끄러움과 치욕을 생각하지 않음.	불문가지 : 묻지 않아도 능히 알 수 있음.	불문곡직 : 일의 옳고 그름을 묻지 아니하고 곧바로 행동이나 말로 들어감.

不	顧	廉	恥	不	問	可	知	不	問	曲	直
아닐 불	돌아볼 고	청렴할 렴	부끄러울 치	아닐 불	물을 문	옳을 가	알 지	아닐 불	물을 문	굽을 곡	곧을 직
一小、	회佳頁	7兼八、	耳心	フ八、	12月元	元丁	仁人口	フ八、	12月元	巾二	一竹上
不	顧	廉	恥	不	門	可	知	不	門	曲	直

重要結構

필수고사성어

鵬程萬里	飛禽走獸	非禮勿視
붕정만리 : 봉새의 날아가는 길이 만리로 트임. 곧 전정(前程)이 아주 멀고도 큼을 이름.	비금주수 : 날짐승과 길짐승.	비례물시 : 예의에 어긋나는 일은 보지도 말라는 말.

鵬程萬里 飛禽走獸 非禮勿視

붕새 붕	법 정	일만 만	마을 리	날 비	날짐승 금	달릴 주	짐승 수	아닐 비	예도 례	말 물	볼 시

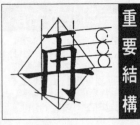

重要結構

필수고사성어

非一非再	四顧無親	四面楚歌
비일비재:이같은 일이 한두 번이 아님.	사고무친:사방을 둘러보아도 친한 사람이 한 사람도 없음. 곧 의지할 만한 사람이 전혀 없음.	사면초가:사면이 모두 적병(敵兵)으로 포위된 상태를 이르는 말.

非	一	非	再	四	顧	無	親	四	面	楚	歌
아닐 비	한 일	아닐 비	두번 재	넉 사	돌아볼 고	없을 무	친할 친	넉 사	낯 면	초나라 초	노래 가

오늘의 世界名言

♡ 양심은 개인이 자기 보존을 위해 개발한 사회의 질서를 지키는 수호신이다.
　　모옴 : 영국 · 작가

重要結構

四分五裂	砂上樓閣	四通五達
사분오열 : 여러 갈래로 찢어짐. 어지럽게 분열됨.	사상누각 : 모래 위에 세운 다락집. 곧 기초가 약하여 넘어질 염려가 있거나 오래 유지하지 못할 일을 비유하는 말.	사통오달 : 길이나 교통 · 통신 등이 사방으로 막힘없이 통함.

四	分	五	裂	砂	上	樓	閣	四	通	五	達
넉 사	나눌 분	다섯 오	찢을 렬	모래 사	위 상	다락 루	누각 각	넉 사	통할 통	다섯 오	통달할 달

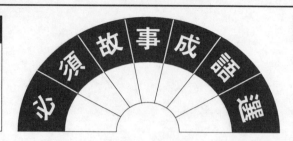

重要結構

필수고사성어

事必歸正	山戰水戰	山海珍味
사필귀정 : 어떤 일이든 결국은 올바른 이치대로 됨. 반드시 정리(正理)로 돌아감.	산전수전 : 산과 물에서의 전투를 다 겪음. 곧 온갖 세상 일에 경험이 아주 많음.	산해진미 : 산과 바다에서 나는 재료로 만든 맛 좋은 음식. (동) 山珍海味(산진해미).

事	必	歸	正	山	戰	水	戰	山	海	珍	味
일 사	반드시 필	돌아갈 귀	바를 정	뫼 산	싸움 전	물 수	싸움 전	뫼 산	바다 해	보배 진	맛 미

重要結構

필수고사성어

殺身成人	三顧草廬	森羅萬象
살신성인 : 자신의 목숨을 버려서 인(仁)을 이룸.	삼고초려 : 인재를 맞이하기 위하여 자기 몸을 굽히고 참을성 있게 마음을 씀을 비유하는 말.	삼라만상 : 우주(宇宙) 사이에 있는 수많은 현상.

殺	身	成	仁	三	顧	草	廬	森	羅	萬	象
죽일 살	몸 신	이룰 성	어질 인	석 삼	돌아볼 고	풀 초	오두막집 려	빽빽할 삼	벌일 라	일만 만	코끼리 상

殺身成仁	三顧草廬	森羅萬象

오늘의 世界名言

♡ 자신 속에 어떤 음악도 없고, 감미로운 음의 조화에도 마음이 움직이지 않는 사람은 배신과 모략과 약탈에 적합한 인간이다.
― 세익스피어 : 영국·시인

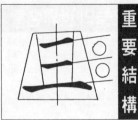

重要結構

三人成虎	三尺童子	桑田碧海
삼인성호 : 근거없는 말이라도 여러 사람이 말하면 고지듣는다는 뜻.	삼척동자 : 신장이 석자에 불과한 자그마한 어린애. 곧 어린 아이.	상전벽해 : 뽕나무 밭이 변하여 푸른 바다가 됨. 곧 세상의 모든 일이 덧없이 변화무상함을 비유하는 말.

三人成虎 三尺童子 桑田碧海

석 삼	사람 인	이룰 성	범 호	석 삼	자 척	아이 동	아들 자	뽕나무 상	밭 전	푸를 벽	바다 해
三	人	成	虎	三	尺	童	子	桑	田	碧	海

三人成虎 三尺童子 桑田碧海

重要結構

필수고사성어

塞翁之馬	生老病死	庶幾之望
새옹지마 : 인생의 길흉 · 화복은 변화 무쌍하여 예측하기 어렵다는 뜻.	생로병사 : 나고, 늙고, 병들고, 죽는 일. 곧 인생이 겪어야 할 네가지 고통(苦痛).	서기지망 : 바라고 염원하여 오던 것이 거의 될 듯한 희망.

塞	翁	之	馬	生	老	病	死	庶	幾	之	望
변방 새	늙은이 옹	갈 지	말 마	날 생	늙을 로	병들 병	죽을 사	여러 서	몇 기	갈 지	바랄 망
宙八七	公乃不	亠乀	馬丁灬	亅一二	土丿匕	疒丙人	一歹匕	亠世灬	幺幺心	亠乀	亡久仁
塞	翁	之	馬	生	老	病	死	庶	幾	之	望

필수고사성어

先見之明	先公後私	仙風道骨
선견지명 : 앞일을 미리 예견하여 내다보는 밝은 슬기.	선공후사 : 우선 공적인 일을 먼저 하고 사적인 일은 뒤로 미룸.	선풍도골 : 풍채가 뛰어나고 용모가 수려한 사람.

先	見	之	明	先	公	後	私	仙	風	道	骨
먼저 선	볼 견	갈 지	밝을 명	먼저 선	공평할 공	뒤 후	사사 사	신선 선	바람 풍	길 도	뼈 골

重要結構

필수고사성어

雪上加霜	説往説來	歳寒三友
설상가상 : 눈 위에 서리란 말로 불행한 일이 거듭하여 생김을 가리킴.	설왕설래 : 서로 변론을 주고 받으며 옥신각신함.	세한삼우 : 겨울철 관상용(觀賞用)인 세 가지 나무. 소나무, 대나무, 매화나무를 일컬음. 송죽매(松竹梅).

雪	上	加	霜	説	往	説	來	歳	寒	三	友
눈 설	위 상	더할 가	서리 상	말씀 설	갈 왕	말씀 설	올 래	해 세	찰 한	석 삼	벗 우

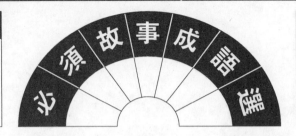

重要結構

필수고사성어

束手無策	送舊迎新	首邱初心
속수무책:손을 묶은 듯이 계략과 대책이 없음. 곧 어찌할 도리가 없음.	송구영신:묵은 해를 보내고 새해를 맞음.	수구초심:여우가 죽을 때 머리를 자기가 살던 굴로 향한다는 말로, 고향을 그리워하는 마음을 일컬음.

束	手	無	策	送	舊	迎	新	首	邱	初	心
묶을 속	손 수	없을 무	꾀 책	보낼 송	옛 구	맞을 영	새 신	머리 수	언덕 구	처음 초	마음 심

오늘의 世界名言
♡ 회화는 나의 아내이며,
내가 그린 그림은 나의 아들
이다.
미켈란젤로 : 이탈리아 · 화
가 · 조각가 · 건축가 · 시인

重要結構

필수고사성어

壽福康寧	首鼠兩端	袖手傍觀
수복강녕:오래 살아 복되며, 몸이 건강하여 평안함을 이르는 말.	수서양단:머뭇거리며 진퇴 · 거취를 결정짓지 못하고 관망하는 상태를 이름.	수수방관:팔장을 끼고 보고만 있다는 뜻으로 직접 손을 내밀어 간섭하지 아니하고 그대로 버려둠을 말함.

壽	福	康	寧	首	鼠	兩	端	袖	手	傍	觀
목숨 수	복 복	편안할 강	편안할 녕	머리 수	쥐 서	두 량	끝 단	소매 수	손 수	곁 방	볼 관

重要結構

필수고사성어

修身齊家	水魚之交	守株待兎
수신제가 : 행실을 올바로 닦고 집안을 바로 잡음.	수어지교 : 고기와 물과의 사이처럼, 떨어질 수 없는 특별한 친분.	수주대토 : 주변머리가 없고 융통성이 전혀없이 굳게 지키기만 함을 이르는 말.

修	身	齊	家	水	魚	之	交	守	株	待	兎
닦을 수	몸 신	가지런할 제	집 가	물 수	물고기 어	갈 지	사귈 교	지킬 수	그루 주	기다릴 대	토끼 토

오늘의 世界名言
♡ 진정한 시인은 자기자신의 소질에서 생기는 사상과 영원한 진리에서 오는 사상 외에 그 시대의 온갖 사상의 총체를 포함하지 않으면 안 된다.
위고 : 프랑스·시인·소설가

필수고사성어

脣亡齒寒	始終如一	食少事煩
순망치한:서로 이웃한 사람 중에서 한 사람이 망하면 다른 한 사람에게도 영향이 있음을 이르는 말.	시종여일:처음과 나중이 한결같이 변함이 없음.	식소사번:먹을 것은 적고 할 일은 많음을 일컫는 말.

脣	亡	齒	寒	始	終	如	一	食	少	事	煩
입술 순	망할 망	이 치	찰 한	비로소 시	칠 종	같을 여	한 일	밥 식	적을 소	일 사	번거로울 번

필수고사성어

오늘의 世界名言

♡ 완전한 것을 창작하려는 노력 만큼 마음을 순결하게 하고 우리를 종교적으로 만드는 것은 없다.
미켈란젤로 : 이탈리아 · 화가 · 조각가 · 건축가 · 시인

重要結構

識字憂患	信賞必罰	身言書判
식자우환 : 글자깨나 섣불리 좀 알았던 것이 도리어 화의 근원이 된다는 뜻.	신상필벌 : 공이 있는 사람에게는 필히 상을 주고, 죄가 있는 사람에게는 반드시 벌을 줌.	신언서판 : 인물을 선정하는 기준으로 삼던 네 가지 조건. 곧 신수와 말씨와 글씨와 판단력.

識字憂患	信賞必罰	身言書判

알 식	글자 자	근심 우	근심 환	믿을 신	상줄 상	반드시 필	벌줄 벌	몸 신	말씀 언	글 서	판단할 판
言�心	宀了一	丆忢夂	吅吅心	亻信㣺	尚㤗丶	㇄丶	罒㓁刂	亻佰丿	言口	크ㄹ口	㔾刂

識字憂患	信賞必罰	身言書判

오늘의 世界名言

♡ 자연은 책략가다. 그러나, 그 목적하고 있는 것은 선이다. 그 책략하는 것은 걱정하지 않는 것이 가장 좋다.

괴테 : 독일 · 시인 · 극작가

重要結構

필수고사성어

神出鬼沒	深思熟考	十年知己
신출귀몰:귀신이 출몰하듯 자유자재로 유연하여 그 변화를 헤아리지 못함.	심사숙고:깊이 생각하고 거듭 생각함을 말함. 곧 신중을 기하여 곰곰히 생각함.	십년지기:오래전부터 사귀어 온 친구.

神	出	鬼	沒	深	思	熟	考	十	年	知	己
귀신 신	날 출	귀신 귀	빠질 몰	깊을 심	생각 사	익을 숙	상고할 고	열 십	해 년	알 지	몸 기

神	出	鬼	沒	深	思	熟	考	十	年	知	己

重要結構

필수고사성어

十常八九	十匙一飯	阿鼻叫喚
십상팔구：열이면 여덟이나 아홉은 그러함. (동) 십중팔구(十中八九).	십시일반：열 사람이 한 술씩 보태면 한 사람 분의 분량이 된다는 뜻.	아비규환：지옥같은 고통을 참지 못하여 울부짖는 소리.

十常八九　十匙一飯　阿鼻叫喚

열 십	항상 상	여덟 팔	아홉 구	열 십	숟가락 시	한 일	밥 반	언덕 아	코 비	부르짖을 규	부를 환

重要結構

필수고사성어

我田引水	眼下無人	藥房甘草
아전인수 : 자기 논에 물대기란 뜻으로, 자기에게 유리한 대로만 함.	안하무인 : 눈 아래 사람이 없음. 곧 교만하여 사람들을 아래로 내려보고 업신 여김.	약방감초 : ①무슨 일에나 끼어듦. ②무슨 일에나 반드시 끼어야 할 필요한 것.

我	田	引	水	眼	下	無	人	藥	房	甘	草
나 아	밭 전	끌 인	물 수	눈 안	아래 하	없을 무	사람 인	약 약	방 방	달 감	풀 초

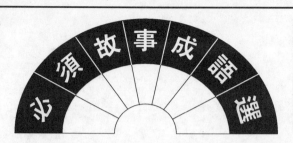

重要結構

필수고사성어

弱肉强食				羊頭狗肉				梁上君子			
약육강식：약한 쪽이 강한 쪽에게 먹히는 자연 현상.				양두구육：겉으로는 훌륭하게 내세우나 속은 음흉한 생각을 품고 있다는 뜻.				양상군자：후한의 진 식이 들보 위에 숨어 있는 도둑을 가리켜 양상의 군자라 한 데서 온 말. 도둑.			
弱	肉	强	食	羊	頭	狗	肉	梁	上	君	子
약할 약	고기 육	굳셀 강	밥 식	양 양	머리 두	개 구	고기 육	들보 량	위 상	임금 군	아들 자
弱肉强食				羊頭狗肉				梁上君子			

重 要 結 構

苦

필수고사성어

良藥苦口	魚頭鬼面	魚頭肉尾
양약고구:효험이 좋은 약은 입에 쓰다는 말로, 충직한 말은 듣기는 싫으나 받아들이면 자신에게 이롭다는 뜻.	어두귀면:고기 대가리에 귀신 상판대기라는 말로, 망칙하게 생긴 얼굴을 이르는 말.	어두육미:생선은 머리, 짐승은 꼬리 부분이 맛이 좋다는 말.

良藥苦口				魚頭鬼面				魚頭肉尾			
어질 량	약 약	괴로울 고	입 구	물고기 어	머리 두	귀신 귀	낯 면	물고기 어	머리 두	고기 육	꼬리 미

重要結構

필수고사성어

漁夫之利	言語道斷	言中有骨
어부지리 : 당사자간 싸우는 틈을 타 제삼자가 애쓰지 않고 가로챔을 이르는 말.	언어도단 : 말문이 막힌다는 뜻으로 너무 어이없어서 말하려해도 말할 수 없음을 이름.	언중유골 : 예사로운 말 속에 뼈 같은 속 뜻이 있다는 말.

漁	夫	之	利	言	語	道	斷	言	中	有	骨
고기잡을 어	사내 부	갈 지	이로울 리	말씀 언	말씀 어	길 도	끊을 단	말씀 언	가운데 중	있을 유	뼈 골
漁	夫	之	利	言	語	道	斷	言	中	有	骨

漁夫之利	言語道斷	言中有骨

重要結構

필수고사성어

與民同樂	連絡不絶	戀慕之情
여민동락 : 임금이 백성과 더불어 낙(樂)을 같이함. (동) 與民偕樂 (여민해락)	연락부절 : 오고 감이 끊이지 않고 교통을 계속함.	연모지정 : 그리워하고 사랑하는 연모의 정.

與	民	同	樂	連	絡	不	絶	戀	慕	之	情
참여할 여	백성 민	한가지 동	즐길 락	연할 련	이을 락	아닐 부	끊을 절	사모할 련	사모할 모	갈 지	뜻 정
與	民	同	樂	連	絡	不	絶	戀	慕	之	情
與	民	同	樂	連	絡	不	絶	戀	慕	之	情

重要結構

필수고사성어

緣木求魚	連戰連勝	榮枯盛衰
연목구어 : 나무 위에서 고기를 구한다는 뜻으로, 안될 일을 무리하게 하려고 한다는 뜻.	연전연승 : 싸울 때마다 승승장구 번번이 이김.	영고성쇠 : 번영하여 융성함과 말라서 쇠잔해 짐. (동) 興亡盛衰(흥망성쇠).

緣	木	求	魚	連	戰	連	勝	榮	枯	盛	衰
인연 연	나무 목	구할 구	물고기 어	연할 련	싸움 전	연할 련	이길 승	영화로울 영	마를 고	성할 성	쇠잔할 쇠
緣	木	求	魚	連	戰	連	勝	榮	枯	盛	衰

오늘의 世界名言

♡ 불가능한 일을 원하는 사람을 나는 사랑한다.
괴테 : 독일 · 시인 · 극작가

重要結構

필수고사성어

五里霧中	寤寐不忘	吾鼻三尺
오리무중 : 짙은 안개 속에서 길을 찾기 어려움과 같이, 어떤 일에 대하여 알길이 없음을 일컫는 말.	오매불망 : 자나 깨나 잊지 못하는 애절한 심정의 상태.	오비삼척 : 내 코가 석자라는 뜻. 곧 자기의 곤궁이 심하여 남의 사정을 돌아볼 겨를이 없음을 일컬음.

五	里	霧	中	寤	寐	不	忘	吾	鼻	三	尺
다섯 오	마을 리	안개 무	가운데 중	깨일 오	잘 매	아닐 불	잊을 망	나 오	코 비	석 삼	자 척
フェ	口モ	雨乃務	口一	闇吾	闇疒	フ小	亡心	石吕	自畀儿	一一	フ人

오늘의 世界名言

♡ 「자유의 가치는 영원한 불침번이다.」라는 것은, 그 것은 항상 위협을 받고 있다 는 것을 뜻한다.
　　힐티 : 스위스·사상가

烏飛梨落	烏飛一色	吳越同舟
오비이락:까마귀 날자 배 떨어진 다는 뜻. 곧 우연한 일에 남으로부 터 혐의를 받게 됨을 가리키는 말.	오비일색:날고 있는 까마귀가 모두 같은 색깔이라는 뜻으로, 모두 같은 종류로 똑같음을 의미하는 말.	오월동주:서로 적대하는 사람이 같은 경우의 처지가 됨을 가리키는 말.

烏	飛	梨	落	烏	飛	一	色	吳	越	同	舟
까마귀 오	날 비	배 리	떨어질 락	까마귀 오	날 비	한 일	빛 색	나라이름 오	넘을 월	한가지 동	배 주
烏	飛	梨	落	烏	飛	一	色	吳	越	同	舟
烏	飛	梨	落	烏	飛	一	色	吳	越	同	舟

重要結構

필수고사성어

烏合之卒	屋上架屋	玉石俱焚
오합지졸:임시로 모집하여 훈련을 하지 못해 무질서한 군사. (비) 烏合之衆(오합지중)	옥상가옥:지붕 위에 또 지붕을 얹음. 곧 위에 부질없이 거듭함을 이르는 말.	옥석구분:옥과 돌이 함께 탄다는 뜻. 곧 나쁜 사람이나 좋은 사람이나 다 같이 재앙을 당함을 비유한 말.

烏合之卒				屋上架屋				玉石俱焚			
까마귀 오	합할 합	갈 지	군사 졸	집 옥	위 상	시렁 가	집 옥	구슬 옥	돌 석	함께 구	불사를 분

重要結構

오늘의 世界名言

♡ 극도의 슬픔은 오래 계속
되지 않는다. 어떠한 사람이
라도 슬픔에 지쳐 버리거나,
익숙해지고 만다.
메타스타시오 : 영국 · 시인

필수고사성어

溫故知新

온고지신 : 옛것을 익히고 그것으로
미루어 새것을 알수 있다는 뜻.

臥薪嘗膽

와신상담 : 섶에 누워 쓸개의 맛을
본다는 뜻으로, 원수를 갚으려고 고
통과 어려움을 참고 견딤을 비유함.

外柔內剛

외유내강 : 겉으로 보기에는 부드러
우나 속은 꿋꿋하고 강함.

溫	故	知	新	臥	薪	嘗	膽	外	柔	內	剛
따뜻할 온	연고 고	알 지	새 신	누울 와	섶나무 신	맛볼 상	쓸개 담	바깥 외	부드러울 유	안 내	굳셀 강

重要結構

필수고사성어

燎原之火	欲速不達	龍頭蛇尾
요원지화:거세게 타는 벌판의 불길이라는 뜻으로, 미처 방비할 사이없이 퍼지는 세력을 형용하는 말.	욕속부달:일을 너무 성급히 하려고 하면 도리어 이루기 어려움을 의미한 말.	용두사미:용의 머리와 뱀의 꼬리라는 뜻. 곧 처음은 그럴듯하다가 나중엔 흐지부지함을 말함.

燎	原	之	火	欲	速	不	達	龍	頭	蛇	尾
불놓을 요	근본 원	갈 지	불 화	하고자할 욕	빠를 속	아니 부	통달할 달	용 롱	머리 두	뱀 사	꼬리 미

오늘의 世界名言

♡ 죽음이 마지막 잠인가?
아니다. 죽음은 최후의 깨어
남이다.
W·스코트 : 영국·변호사

右往左往	優柔不斷	牛耳讀經
우왕좌왕 : 사방으로 왔다 갔다하며 안절부절함.	우유부단 : 연약해서 망설이기만 하고 결단력이 부족하여 끝을 맺지 못함.	우이독경 : 「소 귀에 경 읽기」란 뜻으로 가르치고 일러 주어도 알아 듣지 못함을 비유하는 말. (동)牛耳誦

右	往	左	往	優	柔	不	斷	牛	耳	讀	經
오른쪽 우	갈 왕	왼 좌	갈 왕	넉넉할 우	부드러울 유	아닐 부	끊을 단	소 우	귀 이	읽을 독	경서 경

重要結構

필수고사성어

雨後竹筍	遠交近攻	危機一髮
우후죽순:비 온 뒤에 무수히 돋는 죽순. 곧 어떤 일이 일시에 많이 일어남을 비유한 말.	원교근공:먼 곳에 있는 나라와 우호관계를 맺고 가까이 있는 나라를 하나씩 쳐들어 가는 일.	위기일발:조금이라도 방심할 수 없는 위급한 순간.

雨	後	竹	筍	遠	交	近	攻	危	機	一	髮
비 우	뒤 후	대 죽	죽순 죽	멀 원	사귈 교	가까울 근	칠 공	위태할 위	베틀 기	한 일	머리털 발
雨	後	竹	筍	遠	交	近	攻	危	機	一	髮

雨	後	竹	筍	遠	交	近	攻	危	機	一	髮

오늘의 世界名言

♡ 죽음보다 강한 자는 누구
냐? 죽음이 닥쳐와도 웃을
수 있는 사람이다.
뤼케르트 : 독일·시인
동양어학자

重要結構

有口無言

유구무언 : 입은 있으나 말이 없다
는 뜻으로, 변명할 말이 없거나 변
명을 못함을 이름.

有名無實

유명무실 : 이름뿐이고 그 실상은
없음.

隱忍自重

은인지중 : 마음속으로 괴로움을 참
으며 몸가짐을 조심함.

有	口	無	言	有	名	無	實	隱	忍	自	重
있을 유	입 구	없을 무	말씀 언	있을 유	이름 명	없을 무	열매 실	숨을 은	참을 인	스스로 자	무거울 중
ノ一勹二	丨ㄱ一	𠂉卌灬	亠二ロ	ノ勹二	クロ	𠂉卌灬	宀毌二八	阝ㄓ乑灬	刀丶心	丨ㄱ三	𠂉曰二

重要結構

필수고사성어

陰德陽報	吟風弄月	以心傳心
음덕양보 : 남 모르게 덕을 쌓는 사람은 뒤에 남이 알게 보답을 받는다는 뜻.	음풍농월 : 맑은 바람과 밝은 달을 벗삼아 시를 읊으며 즐겁게 지내는 것.	이심전심 : 말이나 글에 의하지 않고 마음과 마음으로 전달 됨. (비) 心心相印(심심상인)

陰	德	陽	報	吟	風	弄	月	以	心	傳	心
그늘 음	큰 덕	볕 양	갚을 보	읊을 음	바람 풍	희롱할 롱	달 월	써 이	마음 심	전할 전	마음 심

重要結構

律

필수고사성어

以熱治熱	已往之事	二律背反
이열치열:열로써 열을 다스림. 곧 힘은 힘으로써 다스림.	이왕지사:이미 지나간 일. (동) 已過之事(이과지사)	이율배반:서로 모순되는 두 명제가 동등한 권리로 주장되는 일.

以	熱	治	熱	已	往	之	事	二	律	背	反
써 이	더울 열	다스릴 치	더울 열	이미 이	갈 왕	갈 지	일 사	두 이	법률 률	등 배	돌이킬 반
以	熱	治	熱	已	往	之	事	二	律	背	反
以	熱	治	熱	已	往	之	事	二	律	背	反

重要結構

필수고사성어

因果應報	因循姑息	因人成事
인과응보 : 사람이 짓는 선악의 인업에 응하여 과보가 있음.	인순고식 : 구습을 버리지 못하고 목전의 편안한 것만을 취함.	인인성사 : 남의 힘으로 일이나 뜻을 이룸.

因	果	應	報	因	循	姑	息	因	人	成	事
인할 인	과실 과	응할 응	갚을 보	인할 인	돌 순	시어머니 고	숨쉴 식	인할 인	사람 인	이룰 성	일 사

因	果	应	報	因	循	姑	息	因	人	成	事

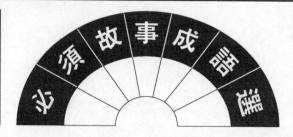

필수고사성어

仁者無敵	一舉兩得	一騎當千
인자무적:어진 사람에게는 적이 없음.	일거양득:한 가지 일로 두 가지 이득을 봄.	일기당천:한 사람이 천 사람을 당해 냄. 곧 아주 힘이 셈을 비유함.

仁者無敵 一舉兩得 一騎當千

어질 인	놈 자	없을 무	대적할 적	한 일	들 거	두 양	얻을 득	한 일	말탈 기	마땅할 당	일천 천
仁	者	無	敵	一	舉	兩	得	一	騎	當	千

仁者無敵 一舉兩得 一騎當千

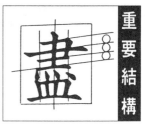

오늘의 世界名言

♡ 사람이란 연약하고 불행한 동물이다. 그의 영혼에 신의 불이 불을 붙을 때까지는.

　　톨스토이 : 러시아 · 작가

重要結構

盡

필수고사성어

一網打盡	一脈相通	一目瞭然
일망타진 : 한 그물에 모두 다 모아 잡음. 곧 한꺼번에 모조리 체포함.	일맥상통 : 솜씨 · 성격 · 처지 · 상태 등이 서로 통함.	일목요연 : 선뜻 보아도 똑똑하게 알수 있음.

一網打盡				一脈相通				一目瞭然			
한 일	그물 망	칠 타	다할 진	한 일	맥 맥	서로 상	통할 통	한 일	눈 목	밝을 요	그럴 연
一				一				一			

(아래는 빈 연습 칸)

一網打盡				一脈相通				一目瞭然			

오늘의 世界名言

♡ 절대적 진리라는 것은 결코 없다. 그것은 날마다 입수하는 빵과 같은 것이다.
라뇨오 : 프랑스 · 비평가

薄

重要結構

필수고사성어

日薄西山	一絲不亂	一瀉千里
일박서산:해가 서산에 가까와진다는 뜻으로, 늙어서 죽음이 가까와짐을 비유.	일사불란:한 오라기의 실도 어지럽지 않음. 곧 질서가 정연해 조금도 헝크러진 데나 어지러움이 없음.	일사천리:강물의 물살이 빨라서 한 번 흘러 천리에 다다름. 곧 사물의 진행이 거침없이 빠름을 말함.

日	薄	西	山	一	絲	不	亂	一	瀉	千	里
날 일	엷을 박	서녘 서	뫼 산	한 일	실 사	아닐 불	어지러울 란	한 일	토할 사	일천 천	마을 리

오늘의 世界名言

♡ 지나친 자유는 더욱 더 욕망을 쌓게 한다. 물욕(物慾)이란 저축과 함께 역시 증가할 뿐이다.
　드라이덴 : 영국 · 시인 · 극작가 · 비평가

重要結構

필수고사성어

一 視 同 仁	一 魚 濁 水	一 言 之 下
일시동인 : 모두를 평등하게 보아 똑같이 사랑함.	일어탁수 : 한 마리의 고기가 물을 흐린다는 뜻. 한 사람의 잘못으로 여러 사람이 피해를 받게 됨을 비유.	일언지하 : 한 마디로 딱 잘라 말함. 두말할 나위 없음.

一	視	同	仁	一	魚	濁	水	一	言	之	下
한 일	볼 시	한가지 동	어질 인	한 일	물고기 어	흐릴 탁	물 수	한 일	말씀 언	갈 지	아래 하
一	視	同	仁	一	魚	濁	水	一	言	之	下

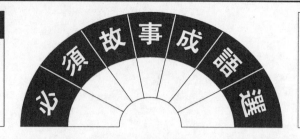

重要結構

將

필수고사성어

一 日 三 秋	一 場 春 夢	日 就 月 將
일일삼추 : 하루가 삼 년 같다는 뜻. 몹시 지루하게 기다릴 때의 형용. (동) 一刻如三秋(일각여삼추)	일장춘몽 : 한바탕의 봄꿈처럼 헛된 영화.	일취월장 : 나날이 다달이 진전됨이 빠름을 이르는 말.

一	日	三	秋	一	場	春	夢	日	就	月	將
한 일	날 일	석 삼	가을추	한 일	마당 장	봄 춘	꿈 몽	날 일	나아갈 취	달 월	장수 장

오늘의 世界名言

♡ 인생은 선도 아니고 악도 아니다. 그것은 그대들의 배려에 따라 선이나 혹은 악의 무대가 된다.
몽테뉴 : 프랑스·사상가

필수고사성어

臨機應變	臨戰無退	自家撞着
임기응변:그때 그때 일의 형편에 따라서 융통성 있게 잘 처리함.	임전무퇴:싸움터에 임하여 물러섬이 없음.	자가당착:자기가 한 말이나 행동의 앞 뒤가 모순되는 것.

臨機應變　臨戰無退　自家撞着

임할 임	베틀 기	응할 응	변할 변	임할 임	싸움 전	없을 무	물러날 퇴	스스로 자	집 가	칠 당	붙을 착

臨機応変　臨戰無退　自家撞着

重要結構

필수고사성어

自手成家				自繩自縛				自畫自讚			

자수성가:부모에게 물려받은 재산이 없이 자기 스스로 한 살림 이룸을 말함.

자승자박:자기 줄로 제 몸을 읽어 묶는다는 뜻.

자화자찬:자기가 그린 그림을 자기가 칭찬한다는 말로, 자기의 행위를 스스로 칭찬함을 이룸.

自	手	成	家	自	繩	自	縛	自	畫	自	讚
스스로 자	손 수	이룰 성	집 가	스스로 자	노끈 승	스스로 자	묶을 박	스스로 자	그림 화	스스로 자	기릴 찬
自	手	成	家	自	繩	自	縛	自	畫	自	讚

重要結構

오늘의 世界名言

♡ 나는 진실과 허위를 구별
해서, 나자신이 행하는 것을
직시하고 이 인생의 길을 확
실한 발걸음으로 걷고 싶다.
데카르트 : 프랑스 · 철학자

필수고사성어

作舍道傍	作心三日	賊反荷杖
작사도방 : 무슨 일에나 이견(異見)이 많아서 얼른 결정 못함을 이르는 말.	작심삼일 : 한 번 결심한 것이 사흘을 가지 않음. 곧 결심이 굳지 못함을 가리키는 말.	적반하장 : 도둑이 도리어 매를 든다는 뜻으로, 잘못한 사람이 도리어 잘한 사람을 나무랄 경우에 쓰는 말.

作	舍	道	傍	作	心	三	日	賊	反	荷	杖
지을 작	집 사	길 도	곁 방	지을 작	마음 심	석 삼	날 일	도둑 적	돌이킬 반	짐 하	지팡이 장

重要結構

所

오늘의 世界名言

♡ 모든 사람들과 즐겁게 생활하기 위해서는 자기와 남을 절연시키는 것이 아니라, 자기와 남과를 연결시키는 것이 최상이라고 생각하라
톨스토이 : 러시아 · 작가

필수고사성어

適材適所	電光石火	轉禍爲福
적재적소:적당한 재목을 적당한 자리에 씀.	전광석화:번갯불과 부싯돌의 불. 곧 극히 짧은 시간이나 매우 빠른 동작을 말함.	전화위복:화가 바뀌어 복이 됨. 곧 언짢은 일이 계기가 되어 도리어 행운을 맞게 됨을 이름.

適	材	適	所	電	光	石	火	轉	禍	爲	福
맞을 적	재목 재	맞을 적	바 소	번개 전	빛 광	돌 석	불 화	구를 전	재화 화	위할 위	복 복

重要結構

필수고사성어

切磋琢磨	頂門一鍼	糟糠之妻
절차탁마 : 옥(玉)·돌 따위를 갈고 닦는 것과 같이 덕행과 학문을 쉼 없이 노력하여 닦음을 말함.	정문일치 : 정수리에 침을 놓는다는 말. 곧 간절하고 따끔한 충고를 이르는 말.	조강지처 : 지게미와 겨를 같이 먹고 고생한 정실 아내. 곧 고생을 함께 하여 온 본처.

切	磋	琢	磨	頂	門	一	鍼	糟	糠	之	妻
끊을 절	갈 차	닦을 탁	갈 마	정수리 정	문 문	한 일	침 침	재강 조	겨 강	갈 지	아내 처

切	磋	琢	磨	頂	門	一	鍼	糟	糠	之	妻

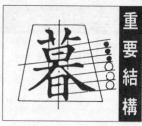

오늘의 世界名言

♡ 육체에 꼭 맞은 옷만을 입히지 말고, 양심에 꼭맞는 옷을 입도록 하라.
톨스토이 : 러시아 · 작가

필수고사성어

朝令暮改	朝三暮四	種豆得豆
조령모개:아침에 내린 영을 저녁에 고침. 곧 법령이나 명령을 자주 뒤바꿈을 이름.	조삼모사:간사한 꾀로 남을 속여 희롱함을 이르는 말.	종두득두:콩 심은 데 콩을 거둔다는 말로 원인에는 반드시 그에 따른 결과가 온다는 뜻.

朝	令	暮	改	朝	三	暮	四	種	豆	得	豆
아침 조	명령할 명	저물 모	고칠 개	아침 조	석 삼	저물 모	녁 사	씨 종	콩 두	얻을 득	콩 두

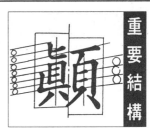

오늘의 世界名言

♡ 고통이 그대에게 준 것을 충분히 음미하라. 괴로움이 일단 목을 넘어가면 그 쓴 맛은 형언할 수 없는 감미로운 맛을 혀에 남길 것이다.
괴테 : 독일 · 시인 · 극작가

重要結構

필수고사성어

坐不安席	坐井觀天	主客顚倒
좌불안석:한 곳에 오래 앉아 있지 못하고 안절 부절함.	좌정관천:우물에 앉아 하늘을 봄. 곧 견문(見門)이 좁은 것을 가리키는 말.	주객전도:사물의 경중(輕重)·선후(先後), 주인과 객의 차례 따위가 서로 뒤바뀜.

坐	不	安	席	坐	井	觀	天	主	客	顚	倒
앉을 좌	아니 불	편안 안	자리 석	앉을 좌	우물 정	볼 관	하늘 천	주인 주	손 객	넘어질 전	넘어질 도

오늘의 世界名言

♡ 가장 신성한 진리는 최대 다수(最大多數)의 최대 행복(最大幸福)이 도의(道義)와 법률(法律)의 기본이라는 데 있다.

벤덤 : 영국·철학자·법학자

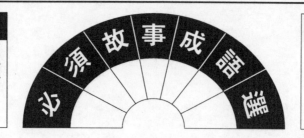

重要結構

필수고사성어

晝耕夜讀	走馬加鞭	走馬看山
주경야독 : 낮에는 농사일을 하고 밤에는 글을 읽음. 곧 바쁜 틈을 타서 어렵게 공부함.	주마가편 : 달리는 말에 채찍질한다는 말로, 부지런하고 성실한 사람을 더 격려함을 이르는 말.	주마간산 : 달리는 말 위에서 산천을 구경함. 곧 바쁘고 어수선하여 무슨 일이든지 스치듯 지나쳐서 봄.

晝	耕	夜	讀	走	馬	加	鞭	走	馬	看	山
낮 주	밭갈 경	밤 야	읽을 독	달릴 주	말 마	더할 가	채찍 편	달릴 주	말 마	볼 간	뫼 산

오늘의 世界名言

♡ 속아서 잃은 돈만큼, 유리하게 쓴 것은 없다. 말할 것도 없이 그 돈으로 지혜를 산 셈이 되니까.
쇼펜하우워 : 독일·철학자

重要結構

필수고사성어

酒池肉林	竹馬故友	衆寡不敵
주지육림:술이 못을 이루고 고기가 숲을 이루었다는 뜻. 곧 호사스럽고 굉장한 술잔치를 이르는 말.	죽마고우:어릴 때부터 같이 놀며 자란 벗.	중과부적:적은 수효가 많은 수효를 대적할 수 없다는 뜻.

酒	池	肉	林	竹	馬	故	友	衆	寡	不	敵
술 주	못 지	고기육	수풀림	대 죽	말 마	연고고	벗 우	무리 중	적을 과	아닐 부	대적할 적

酒池肉林	竹馬故友	衆寡不敵

오늘의 世界名言

♡ 전진하는 것도 위험하며, 뒤돌아 보는 것도 위험하고, 몸을 흔드는 것도 또한 위험이다.

니체 : 독일·시인·철학가

重要結構

衆口難防	知己之友	至緊至要
중구난방:뭇 사람의 말을 다 막기가 어렵다는 말.	지기지우:서로 뜻이 통하는 친한 벗.	지긴지요:더할 나위 없이 긴요함.

衆	口	難	防	知	己	之	友	至	緊	至	要
무리 중	입 구	어려울 난	막을 방	알 지	몸 기	갈 지	벗 우	이를 지	긴요할 긴	이를 지	구할 요

重要結構

필수고사성어

指鹿爲馬				支離滅裂				至誠感天			
指	鹿	爲	馬	支	離	滅	裂	至	誠	感	天

지록위마 : 윗사람을 속이고 권세를 거리낌없이 제마음대로 휘두르는 것을 가리키는 말.

지리멸렬 : 순서없이 마구 뒤섞여 갈피를 잡을 수 없는 상태.

지성감천 : 지극한 정성에 하늘이 감동함.

손가락 지	사슴 록	위할 위	말 마	지탱할 지	떠날 리	멸망할 멸	찢을 렬	이를 지	정성 성	느낄 감	하늘 천

오늘의 世界名言

♡ 돈으로 신용을 얻으려고
하지 말라. 신용으로 돈을
만들려고 노력하라.
테미스토크레스 : 그리스·
장군·정치가

重要結構

退

필수고사성어

知彼知己	進退兩難	天高馬肥
지피지기 : 적의 내정(內情)과 나의 내정을 소상히 앎.	진퇴양난 : 나아갈 수도 물러설 수 도 없는 궁지에 빠짐.	천고마비 : 가을 하늘은 맑게 개어 높고 말은 살찐다는 뜻으로, 가을 이 좋은 시절임을 이르는 말.

知	彼	知	己	進	退	兩	難	天	高	馬	肥
알 지	저 피	알 지	몸 기	나아갈 진	물러날 퇴	두 량	어려울 난	하늘 천	높을 고	말 마	살찔 비

重要結構

필수고사성어

千慮一得	天方地軸	天壤之判
천려일득 : 바보 같은 사람이라도 많은 생각 속에는 한 가지 쓸만한 것이 있다는 말.	천방지축 : ①너무 바빠서 허둥지둥 내닫는 모양. ②분별없이 함부로 덤비는 모양.	천양지판 : 하늘과 땅의 차이처럼 엄청난 차이. (동) 天壤之差(천양지차)

千	慮	一	得	天	方	地	軸	天	壤	之	判
일천 천	생각할 려	한 일	얻을 득	하늘 천	모 방	땅 지	굴대 축	하늘 천	물리칠 양	갈 지	판단할 판

重要結構

필수고사성어

天衣無縫				天人共怒				千載一遇			
하늘 천	옷 의	없을 무	꿰맬 봉	하늘 천	사람 인	함께 공	성낼 노	일천 천	실을 재	한 일	만날 우

천의무봉 : 시가(詩歌) 따위의 기교(技巧)에 흠이 없이 완미(完美)함을 이룸.

천인공노 : 하늘과 땅이 함께 분노한다는 뜻으로, 도저히 용서못할 일을 비유한 말.

천재일우 : 천년에 한 번 만남. 곧 좀처럼 얻기 어려운 좋은 기회.

重要結構

필수고사성어

天眞爛漫	千篇一律	鐵石肝腸
천진난만 : 꾸밈이나 거짓이 없는 천성 그대로의 순진함.	천편일률 : 많은 사물이 변화가 없이 모두 엇비슷한 현상.	철석간장 : 매우 굳센 지조를 가리키는 말. (동) 鐵心石腸(철심석장).

天	眞	爛	漫	千	篇	一	律	鐵	石	肝	腸
하늘 천	참 진	빛날 란	부질없을 만	일천 천	책 편	한 일	법 률	쇠 철	돌 석	간 간	창자 장

重要結構

필수고사성어

靑雲萬里	靑出於藍	草綠同色
청운만리 : 푸른 구름 일만 리. 곧 원대한 포부나 높은 이상을 이르는 말.	청출어람 : 쪽에서 나온 푸른 물감이 쪽보다 더 푸르다는 뜻. 제자가 스승보다 낫다는 말. 출람(出藍).	초록동색 : 같은 처지나 같은 유의 사람들은 서로 같은 처지나 같은 유의 사람들끼리 어울림을 이름.

靑雲萬里　靑出於藍　草綠同色

푸를 청	구름 운	일만 만	마을 리	푸를 청	날 출	어조사 어	쪽 람	풀 초	푸를 록	한가지 동	빛 색

靑雲萬里　靑出於藍　草綠同色

오늘의 世界名言

重要結構

필수고사성어

初志一貫	寸鐵殺人	忠言逆耳
초지일관 : 처음 품은 뜻을 한결같이 꿰뚫음.	촌철살인 : 작고 날카로운 쇠붙이로 살인을 한다는 뜻으로, 짧막한 경구로 사람의 마음을 찔러 감동시킴.	충언역이 : 정성스럽고 바르게 하는 말은 귀에 거슬림.

初志一貫 寸鐵殺人 忠言逆耳

처음 초	뜻 지	한 일	꿰일 관	마디 촌	쇠 철	죽일 살	사람 인	충성 충	말씀 언	거스를 역	귀 이
初	志	一	貫	寸	鐵	殺	人	忠	言	逆	耳

初志一貫 寸鉄殺人 忠言逆耳

重要結構

필수고사성어

七顛八起	他山之石	探花蜂蝶
칠전팔기:일곱 번 넘어지고 여덟 번 일어남. 곧 실패를 무릅쓰고 분투함을 이르는 말.	타산지석:다른 사람의 하찮은 언행일지라도 자기의 지덕(知德)을 닦는데 도움이 된다는 말.	탐화봉접:꽃을 찾아 다니는 벌과 나비라는 뜻에서, 여색에 빠지는 것을 가리키는 말.

七	顛	八	起	他	山	之	石	探	花	蜂	蝶
일곱 칠	정수리 전	여덟 팔	일어날 기	다를 타	뫼 산	갈 지	돌 석	찾을 탐	꽃 화	벌 봉	나비 접

重要結構

필수고사성어

泰然自若	破竹之勢	布衣之交
태연자약 : 마음에 무슨 충동을 당하여도 듬직하고 천연스러움.	파죽지세 : 대를 쪼개는 기세. 곧 막을 수 없게 맹렬히 전진하여 치는 기세.	포의지교 : 선비 시절에 사귄 절친한 벗.

泰	然	自	若	破	竹	之	勢	布	衣	之	交
클 태	그럴 연	스스로 자	같을 약	깨뜨릴 파	대 죽	갈 지	기세 세	베 포	옷 의	갈 지	사귈 교

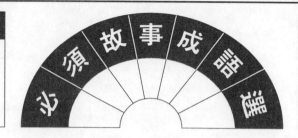

重要結構

필수고사성어

布衣寒士	表裏不同	風前燈火
포의한사 : 벼슬길에 오르지 못한 선비.	표리부동 : 마음이 음흉하여 겉과 속이 다름.	풍전등화 : 바람 앞에 켠 등불이란 뜻으로, 사물이 매우 위급한 자리에 놓여 있음을 가리키는 말.

布	衣	寒	士	表	裏	不	同	風	前	燈	火
베 포	옷 의	찰 한	선비 사	거죽 표	속 리	아닐 부	한가지 동	바람 풍	앞 전	등잔 등	불 화

布衣寒士　表裏不同　風前燈火

오늘의 世界名言

♡ 사람은 제각기 특성을 지니고 있어 그것을 일괄할 수가 없다. 더구나 자기의 특성 때문에 파멸되는 일이 적지 않다.
괴테 : 독일 · 시인 · 극작가

重要結構

石

필수고사성어

漢江投石	含憤蓄怨	咸興差使
한강투석 : 한강에 돌 던지기. 곧 애써도 보람 없음을 이르는 말.	함분축원 : 분함과 원망을 품음.	함흥차사 : 한번 가기만 하면 깜깜 무소식이란 뜻. 심부름꾼이 가서 소식이 없거나 회답이 늦을 때 쓰는 말.

漢 江 投 石　含 憤 蓄 怨　咸 興 差 使

한수 한	강 강	던질 투	돌 석	머금을 함	분할 분	쌓을 축	원망할 원	다 함	일어날 흥	어긋날 차	하여금 사

漢江投石　含憤蓄怨　咸興差使

오늘의 世界名言

♡ 사는 것은 즐겁고 또 살아가는 것은 충분히 가치가 있다. 그러나 그것은 한번 뿐이다.

처어칠 : 영국 · 정치가

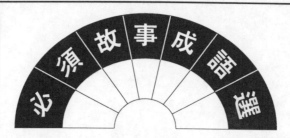

重要結構

필수고사성어

虛心坦懷	賢母良妻	懸河口辯
허심탄회:마음 속에 아무런 사념 없이 품은 생각을 터놓고 말함.	현모양처:어진 어머니이면서 또한 착한 아내.	현하구변:흐르는 물과 같이 거침없이 술술 나오는 말. (동) 懸河雄辯(현하웅변), 懸河之辯(현하지변).

虛	心	坦	懷	賢	母	良	妻	懸	河	口	辯
빌 허	마음 심	평탄할 탄	품을 회	어질 현	어미 모	어질 량	아내 처	매달 현	물 하	입 구	말잘할 변
虛	心	坦	懷	賢	母	良	妻	懸	河	口	辯
虛	心	坦	懷	賢	母	良	妻	懸	河	口	辯

오늘의 世界名言
♡ 인간의 존엄과 자유는 인간이 원래 가지고 있는 것이다. 이 귀한 보배들을 지키자. 만약 그렇지 못하다면 존엄과 함께 죽어버리자.
키케르 : 로마·문인·철학자

필수고사성어

螢雪之功	弧假虎威	糊口之策
형설지공 : 갖은 고생을 하며 학문을 닦은 보람.	호가호위 : 남의 권세에 의지하여 위세를 부림의 비유.	호구지책 : 가난한 살림에 겨우 먹고 살아가는 방책.

螢雪之功 弧假虎威 糊口之策

개똥벌레 형	눈 설	갈 지	공 공	여우 호	거짓 가	범 호	위엄 위	풀 호	입 구	갈 지	꾀 책

螢雪之功 弧假虎威 糊口之策

오늘의 世界名言

♡ 일반적으로 괴로움과 걱정은 위대한 자각과 깊은 심성의 소유자에게는 언제나 필연적인 것이다.
도스토예프스키 : 러시아·문호

必須故事成語選

重要結構

定

浩然之氣	昏定晨省	紅爐點雪
호연지기 : 도의에 뿌리를 박고 공명정대하여 스스로 돌아보아 조금도 부끄럽지 않은 도덕적 용기.	혼정신성 : 밤에 잘 때 부모의 침소에 가서 편히 주무시기를 여쭙고, 아침에는 밤새의 안후를 살피는 일.	홍로점설 : 화로에 눈이 내리면 곧 녹아 버린다는 말로, 큰 일에 있어 작은 힘이 전혀 보탬이 되지 못함을 비유.

넓을 호	그럴 연	갈 지	기운 기	어두울 혼	정할 정	새벽 신	살필 성	붉을 홍	화로 로	점 점	눈 설

오늘의 世界名言

♡ 사랑받는 것은 타오르는 것이다. 사랑하는 것은 마르지 않는 기름으로 밝히는 것이다. 사랑을 받는 것은 망하는 것이며 사랑한다는 것은 망하지 않는 것이다.
릴케 : 독일·시인

필수고사성어

畫龍點睛	畫蛇添足	畫中之餠
화룡점정 : 옛날 명화가가 용을 그리고 눈을 그려 넣었더니 하늘로 올라갔다는 고사. 사물의 긴요한 곳.	화사첨족 : 쓸데 없는 짓을 덧붙여 하다가 도리어 실패함을 가리키는 말. 蛇足(사족).	화중지병 : 그림의 떡. 곧 실속 없는 일을 비유하는 말.

畫	龍	點	睛	畫	蛇	添	足	畫	中	之	餠
그림 화	용 룡	점 점	눈동자 정	그림 화	뱀 사	더할 첨	발 족	그림 화	가운데 중	갈 지	떡 병

重要結構

필수고사성어

確乎不拔	換骨奪胎	患難相救
확호불발:굳세고 매우 든든하여 마음이 흔들리지 아니함을 말함.	환골탈태:딴 사람이 된 듯이 용모가 환하게 트이고 아름다와짐.	환난상구:근심이나 재앙을 서로 구하여 줌.

確	乎	不	拔	換	骨	奪	胎	患	難	相	救
확실할 확	어조사 호	아닐 불	뺄 발	바꿀 환	뼈 골	빼앗을 탈	아이밸 태	근심 환	어려울 난	서로 상	구원할 구
石雀隹	ノム丿	フハ	小ナ人	小钅灬人	罒冂丬	不隹寸	几厶台	吕ロ心	甚灬隹	小丨目	小灬攵

確	乎	不	拔	換	骨	奪	胎	患	難	相	救

重要結構

橫

필수고사성어

荒唐無稽	橫説竪説	興盡悲來
황당무계:언행이 두서가 없고 허황하여 믿을수가 없음.	횡설수설:이치에 맞지 않는 말이나 두서없는 말을 아무렇게나 지껄임.	흥진비래:즐거운 일이 다하면 슬픈 일이 옴. 곧 세상 일은 돌고 돌아 순환됨을 이르는 말.

荒	唐	無	稽	橫	説	竪	説	興	盡	悲	來
거칠 황	황당할 당	없을 무	생각할 계	가로 횡	말씀 설	대머리 수	말씀 설	일어날 흥	다할 진	슬플 비	올 래

一字 多音 漢字

漢字	訓 音	用例
降	내릴 강	降雨量(강우량)
	항복할 항	降伏(항복)
車	수레 거	車馬費(거마비)
	수레 차	車庫(차고)
見	볼 견	見聞(견문)
	나타날 현	見夢(현몽)
更	고칠 경	更張(경장)
	다시 갱	更生(갱생)
龜	거북 귀	龜鑑(귀감)
	나라 구	龜茲(구자)
	갈라질 균	龜裂(균열)
金	쇠 금	金屬(금속)
	성 김	金氏(김씨)
茶	차 다	茶菓(다과)
	차 차	茶禮(차례)
度	법도 도	制度(제도)
	헤아릴 탁	度地(탁지)
讀	읽을 독	讀書(독서)
	구절 두	句讀點(구두점)
洞	마을 동	洞里(동리)
	통할 통	洞察(통찰)
樂	즐길 락	苦樂(고락)
	풍류 악	音樂(음악)
	좋을 요	樂山(요산)
率	비률 률	確率(확률)
	거느릴 솔	統率(통솔)
復	회복 복	回復(회복)
	다시 부	復活(부활)

漢字	訓 音	用例
否	아니 부	否定(부정)
	막힐 비	否塞(비색)
北	북녘 북	南北(남북)
	달아날 배	敗北(패배)
寺	절 사	寺院(사원)
	관청 시	太常寺(태상시)
狀	형상 상	狀態(상태)
	문서 장	賞狀(상장)
殺	죽일 살	殺生(살생)
	감할 쇄	相殺(상쇄)
塞	변방 새	要塞(요새)
	막을 색	塞源(색원)
索	찾을 색	思索(사색)
	쓸쓸할 삭	索莫(삭막)
說	말씀 설	說明(설명)
	달랠 세	遊說(유세)
	기쁠 열	說乎(열호)
省	살필 성	反省(반성)
	덜 생	省略(생략)
屬	좇을 속	從屬(종속)
	맡길 촉	屬託(촉탁)
帥	장수 수	元帥(원수)
	거느릴 솔	帥兵(솔병)
數	셀 수	數學(수학)
	자주 삭	頻數(빈삭)
拾	주을 습	拾得(습득)
	열 십	參拾(삼십)

漢字	訓 音	用例
食	먹을 식	食堂(식당)
	밥 사	疏食(소사)
識	알 식	知識(지식)
	기록할 지	標識(표지)
惡	악할 악	善惡(선악)
	미워할 오	憎惡(증오)
易	바꿀 역	交易(교역)
	쉬울 이	容易(용이)
切	끊을 절	切斷(절단)
	모두 체	一切(일체)
直	곧을 직	正直(정직)
	값 치	直錢(치전)
參	참여할 참	參席(참석)
	석 삼	參萬(삼만)
推	밀 추	推理(추리)
	밀 퇴	推敲(퇴고)
則	법 칙	規則(규칙)
	곧 즉	然則(연즉)
暴	사나울 폭	暴死(폭사)
	사나울 포	暴惡(포악)
便	편할 편	便利(편리)
	오줌 변	便所(변소)
行	다닐 행	行路(행로)
	항렬 항	行列(항렬)
畫	그림 화	畫順(획순)
	그을 획	劃順(획순)

價	假	覺	擧	據	檢	輕	經	鷄	繼	館	關
価	仮	覚	挙	拠	検	軽	経	雞	継	舘	関
값 가	거짓 가	깨달을각	들 거	의거할거	검사할검	가벼울경	글 경	닭 계	이을 계	집 관	빗장 관

觀	廣	鑛	敎	舊	區	驅	鷗	國	權	勸	歸
観	広	鉱	教	旧	区	駆	鴎	国	権	勧	帰
볼 관	넓을 광	쇳돌 광	가르칠교	오랠 구	구역 구	몰 구	갈매기구	나라 국	권세 권	권할 권	돌아올귀

龜	氣	寧	腦	惱	單	斷	團	擔	膽	當	黨
亀	気	寧	脳	悩	単	断	団	担	胆	当	党
거북 귀	기운 기	편안할녕	머릿골뇌	괴로울뇌	홑 단	끊을 단	모임 단	멜 담	쓸개 담	마땅할당	무리 당

對	德	圖	讀	獨	燈	樂	亂	覽	來	兩	勵
対	徳	図	読	独	灯	楽	乱	覧	来	両	励
대답할대	덕 덕	그림 도	읽을 독	홀로 독	등불 등	즐길 락	어지러울란	볼 람	올 래	두 량	힘쓸 려

歷	聯	戀	靈	禮	勞	爐	綠	龍	屢	樓	離
歷	联	恋	灵	礼	劳	炉	绿	竜	屡	楼	难
지날 력	잇닿을련	사모할련	신령 령	예 례	수고로울로	화로 로	초록빛록	용 룡	자주 루	다락 루	떠날 리

萬	蠻	灣	賣	麥	脈	面	發	拜	變	邊	辯
万	蛮	湾	売	麦	脉	面	発	拝	変	辺	弁
일만 만	오랑캐만	물구비만	팔 매	보리 맥	맥 맥	낯 면	필 발	절 배	변할 변	가 변	말잘할변

竝	寶	簿	拂	佛	寫	辭	産	狀	敍	釋	選
並	宝	�724	払	仏	写	辞	産	状	叙	釈	選
아우를병	보 배 보	문 서 부	떨 칠 불	부처 불	베낄사	말 사	낳을 산	모양 상	펼 서	풀 석	가릴선
并	宝	�724	払	仏	写	辞	産	状	叙	釈	選

纖	攝	聲	燒	續	屬	數	獸	壽	肅	濕	乘
繊	摂	声	焼	続	属	数	獣	寿	粛	湿	乗
가늘 섬	당길 섭	소리 성	불사를소	이 을 속	붙 을 속	셈 할 수	짐 승 수	목 숨 수	엄숙할숙	젖 을 습	탈 승
繊	摂	声	焼	続	属	数	獣	寿	粛	湿	乗

繩	實	雙	兒	亞	惡	巖	壓	藥	讓	嚴	與
縄	実	双	児	亜	悪	岩	圧	薬	譲	厳	与
노끈 승	열매 실	쌍 쌍	아이 아	버금 아	악할 악	바위 암	누를 압	약 약	사양할양	엄할 엄	줄 여

餘	譯	驛	鹽	營	藝	譽	豫	爲	應	醫	貳
余	訳	駅	塩	営	芸	誉	予	為	応	医	弐
나머지여	통변할역	역 역	소금 염	경영할영	재주 예	기릴 예	미리 예	할 위	응할 응	의원 의	두 이

壹	殘	蠶	傳	轉	點	齊	濟	卽	證	贊	參
壱	残	蚕	伝	転	点	斉	済	即	証	賛	参
하나 일	남을 잔	누에 잠	전할 전	구를 전	점 점	가지런할제	건널 제	곧 즉	증거 증	찬성할찬	참여할참

處	鐵	廳	體	齒	廢	豊	學	號	畫	歡	會
処	鉄	庁	体	歯	廃	豊	学	号	画	歓	会
곳 처	쇠 철	관청 청	몸 체	이 치	폐할 폐	풍년 풍	배울 학	이름 호	그림 화	기쁠 환	모을 회

원고지 쓰기

　원고 용지는, 이것을 바탕으로 하여 인쇄하거나, 문서에 정서하게 되는 것이므로, 누구나 보고 알아볼 수 있게 또렷하게 써야하며, 띄어쓰기와 단락은 분명하게 하여야 한다.

〈쓰는 법〉

① 대체적으로 제목은 2행째의 4째칸이나 5째칸부터 쓴다.
② 글의 시작은 1자 비우고 쓴다. 그리고, 단락을 마칠 때도 줄을 바꾸어 1자 비우고 쓴다.
③ 부호 일체도 1자로 계산하여 쓴다.
④ 행의 맨 끝에 비울 칸이 없을 때는 V표를 지른다.
⑤ 글을 다 쓴 후에 빠진 말이 있을 경우에는, 행과 행 사이의 좁은 줄에 써 넣는다.

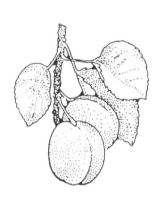

（원고지 예）

흐르는　물을　붙들고서

흥　사용

　시내물이　흐르며　노래하기를　외로운 그림자　물에　뜬　마름잎.　나그네　근심이 끝이　없어서　빨래하는　처녀를　울리었도 다. 　돌아서는　님의　손　잡아다리며　그러지

교정 부호

기　　호	교 정 예	설　　　명	교 정 결 과
V	교정의의이	語(字)間을 떼라	교정의 의의
⌒	교정이라 함은	語(字)間을 붙이라	교정이라함은
ℓ	교정자 to와	活字를 바로 세우라	교정자와
○─(	원고와을──를	誤字를 고쳐라	원고와를
ℓℓ	대조중하여	除去하라	대조하여
○─고	문자 · 배열 · 색──고	고딕體로 바꿔라	문자 · 배열 · 색
○─明	기타의 틀린 점,	明朝體로 바꿔라	기타의 틀린 점,
⊓	점 등을 불비한	先後를 바꿔라	불비한 점 등을
←ㄴ ㄷ→	← 교정지에 ㄴ	左(右)로 내(너)라	교정지에
ϟ	주로 붉은 잉크로	行을 이으라	주로 붉은 잉크로
⌐_	記入訂正하는 일 을 말한다	行을 바꿔라	記入訂正하는 일을 말한다.
(6P)	6P 새한글 사전에서	活字크기를 바꿔	(새한글 사전에서)
⌐_⌐_	校正은 參校를	줄을 고르게 하라	校正은 參校를
↙	原則으로 한다 (·	句讀點을 넣어라	原則으로 한다.

반대의 뜻을 가진 漢字 (1)

加	더할 가	減	덜 감	暖	따뜻할 난	冷	찰 랭
可	옳을 가	否	아니 부	難	어려울 난	易	쉬울 이
甘	달 감	苦	쓸 고	男	사내 남	女	계집 녀
强	강할 강	弱	약할 약	內	안 내	外	바깥 외
開	열 개	閉	닫을 폐	濃	짙을 농	淡	엷을 담
客	손 객	主	주인 주	多	많을 다	少	적을 소
去	갈 거	來	올 래	大	클 대	小	작을 소
乾	마를 건	濕	축축할 습	動	움직일 동	靜	고요할 정
京	서울 경	鄕	시골 향	頭	머리 두	尾	꼬리 미
輕	가벼울 경	重	무거울 중	得	얻을 득	失	잃을 실
苦	괴로울 고	樂	즐거울 락	老	늙을 로	少	젊을 소
高	높을 고	低	낮을 저	利	이로울 리	害	해로울 해
古	예 고	今	이제 금	賣	살 매	買	팔 매
曲	굽을 곡	直	곧을 직	明	밝을 명	暗	어두울 암
功	공 공	過	허물 과	問	물을 문	答	대답할 답
公	공평할 공	私	사사 사	發	떠날 발	着	붙을 착
敎	가르칠 교	學	배울 학	貧	가난할 빈	富	부자 부
貴	귀할 귀	賤	천할 천	上	위 상	下	아래 하
禁	금할 금	許	허락할 허	生	날 생	死	죽을 사
吉	길할 길	凶	언짢을 흉	先	먼저 선	後	뒤 후

반대의 뜻을 가진 漢字 (2)

玉	옥	옥	石	돌	석	長	길	장	短	짧을	단
安	편아할	안	危	위태할	위	前	앞	전	後	뒤	후
善	착할	선	惡	악할	악	正	바를	정	誤	그르칠	오
受	받을	수	授	줄	수	早	일찍	조	晚	늦을	만
勝	이길	승	敗	패할	패	朝	아침	조	夕	저녁	석
是	옳을	시	非	아닐	비	晝	낮	주	夜	밤	야
始	비로소	시	終	마칠	종	眞	참	진	假	거짓	가
新	새	신	舊	예	구	進	나아갈	진	退	물러갈	퇴
深	깊을	심	淺	얕을	천	集	모을	집	散	흩어질	산
哀	슬플	애	歡	기쁠	환	天	하늘	천	地	땅	지
溫	따뜻할	온	冷	찰	랭	初	처음	초	終	마칠	종
往	갈	왕	來	올	래	出	나갈	출	入	들	입
優	뛰어날	우	劣	못할	렬	表	겉	표	裏	속	리
遠	멀	원	近	가까울	근	豐	풍년	풍	凶	흉년	흉
有	있을	유	無	없을	무	彼	저	피	此	이	차
陰	그늘	음	陽	볕	양	寒	찰	한	暑	더울	서
異	다를	이	同	한가지	동	虛	빌	허	實	열매	실
因	인할	인	果	과연	과	黑	검을	흑	白	흰	백
自	스스로	자	他	남	타	興	흥할	흥	亡	망할	망
雌	암컷	자	雄	수컷	웅	喜	기쁠	희	悲	슬플	비

自己 紹介書

金 珉泳

　저는 商業에 종사하시는 아버지와 집안의 화목을 지키시기 위하여 웃음을 항상 잃지 않는 어머니가 계신 단란한 가정의 一男二女 중 長女로 경기도 양주에서 출생 하였습니다.
　저의 아버지께서는 평상시 엄격하심니

20×10

다만, 한편 다정다감하셔서 저희들은 오히려 옳지 못한 일을 경계하고 스스로들 타의 모범이 되도록 노력하여 왔습니다.
　초등학교와 중학교 시절에 특별활동을 통하여 주산반에서 주산 1급과 고등학교에 진학하면서 그 특기를 살려 주산 1단, 부기 2급, 타자 2급을 획득 하였습니다. 그리고 어려서 부터 아버지를 따라 새벽에 테니스를 습관화하여 규칙

20×10

NO 3

적인 생활로 건강한 체력과 건전한 정신, 적극적이고 명랑한 성격을 길러왔습니다.

 부모님께서는 대학진학을 권유하셨지만 아버지께서 운영하시는 업종이 계속 불경기라는 사실을 알고 1년 전부터 사회인으로서 기능을 원만히 갖추기 위하여 학원에 나가 콤퓨터를 익히고 있습니다. 부모님의 은혜에 만의 일이라도 보답할 수 있고 자신을 위해서라도 자

20×10

NO 4

립의지를 가져야 한다고 생각하여 그동안 연마한 실력을 마음껏 발휘하고져 貴社의 문을 두드리게 되었습니다.

 저에게 입사의 영광 주신다면 미력한 힘이나마 社의 發展이 곧 자신의 향상을 가져다 준다는 일념으로 會社의 일익을 담당하는 재원이 되어 최선을 다하겠습니다. 끝으로 貴社의 무궁한 發展을 祈願하며 부디 커다란 기쁨을 저에게 윤허하여 주시길 염원합니다.

20×10

특히 주의해야 할 획순

◆ 漢字를 쓸때에는 반드시 왼쪽에서 오른쪽 그리고 위에서 아래로 먼저 쓰며
대개 가로를 먼저쓰고, 세로를 나중에 쓴다.

九	力	乃	及	火
氷	上	左	右	女
心	必	方	房	州
田	里	馬	無	長
哀	兒	出	來	民
比	非	近	起	臣
青	門	狀	飛	書